Werner Kieweg

Grammatik visualisieren
Bildimpulse zur Festigung grammatischer Kompetenzen im Englischunterricht

Klett I Kallmeyer

Bibliografische Information der Deutschen Nationalbibliothek
Die Deutsche Nationalbibliothek verzeichnet diese Publikation in der Deutschen Nationalbibliografie;
detaillierte bibliografische Daten sind im Internet über http://dnb.d-nb.de abrufbar.

Impressum

Werner Kieweg
Grammatik visualisieren
Bildimpulse zur Festigung grammatischer Kompetenzen im Englischunterricht

1. Auflage 2012

Das Werk und seine Teile sind urheberrechtlich geschützt. Jede Nutzung in anderen als den gesetzlich
zugelassenen Fällen bedarf der vorherigen schriftlichen Einwilligung des Verlages. Hinweis zu § 52 a UrhG:
Weder das Werk noch seine Teile dürfen ohne eine solche Einwilligung eingescannt und in ein Netzwerk
eingestellt werden. Dies gilt auch für Intranets von Schulen und sonstigen Bildungseinrichtungen.
Fotomechanische oder andere Wiedergabeverfahren nur mit Genehmigung des Verlages.

© 2012. Kallmeyer in Verbindung mit Klett
Friedrich Verlag GmbH
D-30926 Seelze
Alle Rechte vorbehalten.
www.friedrich-verlag.de

Illustrationen: Axel Nicolai, Brauweiler
Umschlagillustration: Axel Nicolai, Brauweiler
Redaktion: Stefan Hellriegel, Berlin
Realisation: Nicole Neumann
Druck: Mundschenk Druck- und Vertriebsgesellschaft mbH & Co. KG., Soltau
Printed in Germany

ISBN: 978-3-7800-4909-4

Nicht in allen Fällen war es uns möglich, den Rechteinhaber ausfindig zu machen.
Berechtigte Ansprüche werden selbstverständlich im Rahmen der üblichen Vereinbarungen abgegolten.

Werner Kieweg

Grammatik visualisieren

Bildimpulse zur Festigung grammatischer Kompetenzen
im Englischunterricht

Klett | Kallmeyer

	Einführung			8
1	Was gerade geschieht	Verlaufsform der Gegenwart *(present progressive)*	ab Klasse 7	10
2	Was in der Vergangenheit passiert ist	Verlaufsform der Vergangenheit *(past progressive)*	ab Klasse 7	14
3	Was man erlebt oder erledigt hat	*Present perfect* (einfache Form und Verlaufsform) *(present perfect simple and progressive)*	ab Klasse 8	18
4	Was vorbei oder noch nicht vorbei ist	*Present perfect* und Vergangenheit *(present perfect and simple past)*	ab Klasse 6	22
5	Was bereits zuvor passierte	Vollendete Vergangenheit (einfache Form und Verlaufsform) *(past perfect simple and progressive)*	ab Klasse 9	26
6	Was in der Zukunft passiert	Formen des Futurs *(future tense forms)*	ab Klasse 9	30
7	Was zu einem bestimmten Zeitpunkt geschieht	Verlaufsform des Verbs *(progressive form)*	ab Klasse 8	34

Inhalt

8	Was gemacht wird (1)	Verbformen im Passiv *(passive verb forms)*	ab Klasse 9	38
9	Was gemacht wird (2)	Das Passiv *(passive voice)*	ab Klasse 9	42
10	Was man tun darf, tun sollte, tun muss …	Modalverben *(modal auxiliaries)*	ab Klasse 7	46
11	Dinge und Personen vergleichen	Steigerung der Adjektive *(comparison of adjectives)*	ab Klasse 6	50
12	Gleichheit und Ungleichheit	Vergleiche in Sätzen *(sentences with comparisons)*	ab Klasse 7	54
13	Wie etwas geschieht	Adverbien der Art und Weise *(adverbs of manner)*	ab Klasse 8	58
14	Irgendwer, irgendwie, irgendwas …	Zusammensetzungen mit *some/any/no* (*some/any/no with compounds*)	ab Klasse 7	62

15	Sätze verbinden	Wichtige Konjunktionen *(important conjunctions)*	ab Klasse 8	66
16	Ich hätte gerne ein grünes	Ersatzwort / Stützwort *one* *(prop word* one*)*	ab Klasse 8	70
17	Über Tätigkeiten sprechen	Das *gerund* als Subjekt und Objekt *(gerund as subject and object)*	ab Klasse 7	74
18	Selbst gemacht	Pronomen mit *-self/-selves* *(-self pronouns)*	ab Klasse 7	78
19	Ist das deiner?	Substantivisch gebrauchte Possessivpronomen *(substantival possessives)*	ab Klasse 8	82
20	Fragen stellen	Fragebildung *(making questions)*	ab Klasse 7	86
21	Eine Antwort erzwingen	Frageanhängsel *(question tags)*	ab Klasse 7	90

Inhalt

22	Nebensätze verkürzen	Verkürzte Nebensätze mit Fragewörtern + Infinitiv *(question words + infinitive)*	ab Klasse 7	94
23	Wie man etwas verneint	Verneinung *(negation)*	ab Klasse 7	98
24	Jemandem beipflichten	Zustimmung mit *auch* oder *auch nicht* *(agreeing with somebody)*	ab Klasse 8	102
25	Was wäre, wenn …	Bedingungssätze *(conditional sentences/if clauses)*	ab Klasse 8	106
26	Sätze verkürzen	Satzverkürzungen (Partizipialsätze, Infinitive) *(shortened sentences)*	ab Klasse 9	110
27	Berichten, was jemand sagte	Indirekte Rede mit Zeitenverschiebung *(indirect/reported speech with tense shifting)*	ab Klasse 9	114
28	Wie man eine Grammatikkarte anlegt	Die *grammar card* als lernstrategische Hilfe	ab Klasse 5	118

Grammar Signposts				122
Visualisierungstechniken				134
Download-Materialien				144

Einführung

Aus den Neurowissenschaften wird signalisiert, dass beim Lernen das Zusammenspiel von visuellen, tonalen, affektiven, episodischen und kognitiven Parametern ein Höchstmaß an Erfolg einbringen kann. Ein „guter Unterricht" ist immer strukturiert, unterstützend und kognitiv aktivierend. Für den kognitiven Bereich wurde bis dato ein fremdsprachliches Regelsystem vermittelt, in der Hoffnung, dass die Lernenden die Regelhaftigkeiten selbst erkennen und verstehen, verinnerlichen und diese dann auch situationsgerecht in der mündlichen oder schriftlichen Kommunikation anwenden. Leider ist das Wissen um eine grammatische Regel kein Garant für eine fehlerfreie Anwendung der erworbenen Redemittel. Das wissen wir aus jahrelanger Erfahrung. Trotz der exakten Beschreibung eines Konzepts, der semantischen und pragmatischen Bedeutungserhellung, der Bildung der Form, der geklärten Kontext- und Registerabhängigkeit, der Abgrenzung zu ähnlichen Formen, der begleitenden Signalwörter und Kookurrenzen und trotz der Vermittlung von Paraphrasierungs- und Vereinfachungsstrategien bestehen nach wie vor große Probleme – besonders bei spontansprachlichen Anwendungen. Andererseits sucht aber das menschliche Gehirn beständig nach geordneten Mustern, die eine Speicherung begünstigen („The human brain is a pattern-seeking device"). Wir kommen also um eine gewisse Sensibilisierung für eine regelgeleitete Sprachproduktion nicht herum.

Der lehrerseitige Aufgabenkatalog ist immens. Er umfasst beispielsweise die grammatikalische Sensibilisierung, die kontrastive Gegenüberstellung fremd- und muttersprachlicher Strukturen, die Überführung des deklarativen ins prozedurale Wissen, die Fehlerprophylaxe, Lernerstrategien, Kommunikationsstrategien, die formale und funktionale kommunikative Aufbereitung, die Konsolidierung des Wissens, die Visualisierungshilfen. Die beiden letztgenannten Konzepte sind nun Gegenstand dieser Unterrichtshilfen, die zur Transparenz der Lernbemühungen beitragen sollen. Es geht also primär um kontextintegrierte Visualisierungshilfen zur Erleichterung der Konsolidierung des Wissens. Die Beispiele wurden aufgrund der Fehlerhäufigkeiten ausgewählt, die in der Sekundarstufe I zu beobachten sind. Die Kopiervorlagen können sowohl zur gezielten Wiederholung bestimmter Strukturen eingesetzt werden, aber auch zur Kontrastierung zur Muttersprache, zur Erklärung ähnlicher und verwechslungsanfälliger Redemittel, ferner zur kognitiven Reflexion über bereits eingeführte Grammatikbausteine oder auch zur selbständigen Regelfindung durch die Lernenden.

Der Aufbau der Konsolidierungsgrammatik ist einfach. Die situativen Bildeinstiege mit authentischen Sprechanlässen ermöglichen zunächst eine Zusammenschau einzelner Grammatikinventare und dienen der Verfestigung und dem Stabilwerden von grammatikalischen Regelhaftigkeiten zu einer kompakteren Anwendungskompetenz.

Einführung

Jedes Grammatikproblem (*grammar item*) wird auf 4 Seiten dargestellt:
- Seite 1: Die Auftaktseite enthält die funktionalgrammatisch ausgerichtete Überschrift, zum Beispiel: „Wie man etwas verneint". Im Zentrum der Seite befindet sich ein komplexes, humorvolles Situationsbild mit mehreren Sprech- und Denkblasen.
- Seite 2: Der Zeichnung gegenüber werden die deutschen und englischen Termini, der Situationskontext und die für das grammatische Phänomen geeignete Klassenstufe aufgeführt. Darauf folgen didaktische Hinweise zum Thema.
- Seite 3: Hier findet man methodische Empfehlungen in Form von unterrichtsrelevanten Kognitivierungsverfahren (formal, funktional, kontrastiv zum Deutschen, kontrastiv zu anderen Formen des Englischen), Arbeitsanweisungen und Lösungen für das Arbeitsblatt.
- Seite 4: Diese Seite ist als Arbeits- und Merkblatt für die Lernenden konzipiert. Das Situationsbild sollte dafür entweder in Kopie oder projiziert zur Verfügung gestellt werden. Das Arbeitsblatt soll nach der Bearbeitung im Portfolio abgeheftet oder auch in ein Schulheft eingeklebt werden.

Das Situationsbild und das Arbeitsblatt werden in den Download-Materialien (siehe S. 144) auch als Kopiervorlagen und zur Verwendung mit einem Overheadprojektor oder Whiteboard angeboten.

Die Vorzüge dieser visualisierten Konsolidierungsgrammatik sind die folgenden:
- Sie ist kontextbasiert mit kontextintegrierten Beispielen.
- Die Beispiele sind primär aus der gesprochenen Sprache.
- Betonung liegt auf der Ich-du-Beziehung der sprachlichen Mittel (Fremdsprachenlernen ist eine soziale Tätigkeit!).
- Die oftmals humorvolle Gestaltung wirkt motivierend und behaltensfördernd.
- Sie beschränkt sich auf die bedeutsameren Kapitel der Grammatik, die immer wieder fehleranfällig sind.

Die vorliegende Konsolidierungsgrammatik ist keine Übungsgrammatik im herkömmlichen Sinne, sondern eine Hilfe zur kognitiv-integrativen Durchdringung von grammatischen Themen, die bislang isoliert behandelt, aber nicht kontrastiv kompakt dargestellt wurden.

In diesem Buch finden Sie außerdem einen Vorschlag für eine *grammar card*, eine Sammlung an erprobten Visualisierungstechniken und zahlreiche *signposts* für das englische Zeitensystem, wobei die jeweiligen Besonderheiten einer Satzstruktur markiert sind und so zum Erkennen der unterschiedlichen Konzepte einer grammatischen Struktur beitragen (*concept learning*). Die Visualisierungstechniken reichen von der einfachen Bildbegleitung bis zu recht unterschiedlichen Formen der grafischen Hilfen.

Viel Spaß dabei!

WERNER KIEWEG

Was gerade geschieht

GRAMMATISCHE STRUKTUR:
Verlaufsform der Gegenwart   *Present progressive*

KONTEXT:
Dauer-Fernsehschauer   *Couch potato*

KLASSENSTUFEN:
ab Klasse 7

BESCHREIBUNG:
Die zweite Form der Gegenwart (*present progressive* oder *present continuous*) ist für das Deutsche ungewöhnlich, zumal wir den momentanen Verlauf, das momentane Geschehen lexikalisch ausdrücken: *im Moment, gerade, jetzt, im Augenblick.* Der Engländer hat dafür eben eine eigene Struktur, zum Beispiel: *Ich schaue gerade fern. I'm watching television.* Für den fortgeschrittenen Lerner ist eine Ausdifferenzierung des Formkomplexes *present progressive* in seine unterschiedlichen Funktionen wichtig. So verwendet man es, um mitzuteilen,
- was sich momentan ereignet,
- was man fest vorhat und
- was häufig geschieht (meistens negativ konnotiert, als Vorwurf).

Den fortgeschrittenen Lernern kann man auch noch eine vierte Funktion zumuten, zum Beispiel: *My son is studying Art in Paris.* Hierbei denkt man an einen absehbaren Zeitrahmen des Studiums, auch wenn der Studierende momentan die Universität nicht besucht, weil er am Strand in Spanien seine Semesterferien verbringt.

Methodische Empfehlungen

SCHRITT 1: Die Schülerinnen und Schüler lesen die Sprechblasen-Texte und schreiben die jeweiligen Sprechanlässe daneben.

	Sprechanlässe
What are you doing, Arthur?	Sie will wissen, was ihr Mann gerade macht.
I'm watching TV.	Er sagt, dass er gerade fernsieht.
And what are you doing tonight?	Sie will wissen, was ihr Mann heute Abend vorhat.
I'm watching football.	Er sagt, dass er Fußball schauen wird. (Das hat er bereits beschlossen.)
You are always watching television.	Sie beklagt sich, dass er immer nur fernsieht.

SCHRITT 2: Die Schülerinnen und Schüler werden aufgefordert, die Skizze zu vervollständigen.

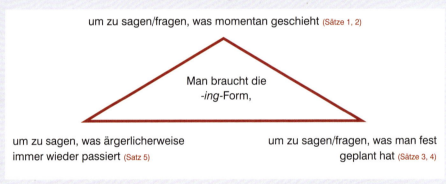

um zu sagen/fragen, was momentan geschieht (Sätze 1, 2)

Man braucht die -ing-Form,

um zu sagen, was ärgerlicherweise immer wieder passiert (Satz 5)

um zu sagen/fragen, was man fest geplant hat (Sätze 3, 4)

SCHRITT 3: Die Schülerinnen und Schüler suchen passende Satzpaare.

A sagt, was er/sie vorhat	B reagiert verägert
1 I'm meeting my friends at the stadium tonight.	c You are always going out with your friends.
2 We're watching England play Germany.	d You are always watching football.
3 I'm putting on my old jeans.	a You're always wearing shabby clothes.
4 I'm taking the bus.	b You're always going by bus. You'd better walk.

Arbeitsblatt 1

Was gerade geschieht

❶ Schreibe die jeweiligen Sprechanlässe für die Dialogsätze auf.

Sprechanlässe

1 What are you doing, Arthur?　_____

2 I'm watching TV.　_____

3 And what are you doing tonight?　_____

4 I'm watching football.　_____

5 You are always watching television.　_____

❷ Vervollständige die folgende Skizze.

um zu sagen/fragen, was

_____

Man braucht die -ing-Form,

um zu sagen, worüber　　　　　um zu sagen/fragen, was

_____　　　　　_____

_____　　　　　_____

❸ Suche die passenden Satzpaare.

A sagt, was er/sie vorhat

1 I'm meeting my friends at the stadium tonight.

2 We're watching England play Germany.

3 I'm putting on my old jeans.

4 I'm taking the bus.

B reagiert verägert

a You're always wearing shabby clothes.

b You're always going by bus. You'd better walk.

c You are always going out with your friends.

d You are always watching football.

Was in der Vergangenheit passiert ist

There was a blackout last night. What **were they doing** when the lights went out?

2

GRAMMATISCHE STRUKTUR:
Verlaufsform der Vergangenheit   *Past progressive*

KONTEXT:
Stromausfall   *Blackout*

KLASSENSTUFEN:
ab Klasse 7

BESCHREIBUNG:
Das Zusammenspiel der beiden Zeitformen *simple past* und *past progressive* bereitet ebenfalls erhebliche Probleme, zumal sich auch hier die beiden Sprachsysteme Deutsch und Englisch unterscheiden. Mit dem *past progressive* drückt man aus, dass eine andauernde Handlung von einem neu hinzukommenden Ereignis unterbrochen wird: *We were having dinner when the lights went out.* Außerdem verwendet man das *past progressive*, um zu betonen, dass mehrere Vorgänge gleichzeitig abliefen: *I was practising the piano while my sister was playing a computer game.*
Durch eine dramapädagogische Inszenierung lässt sich im Fremdsprachenunterricht eine Sensibilisierung für das *past progressive* erreichen, indem man die Schülerinnen und Schüler aufspringen lässt, wenn sich ein Ereignis plötzlich einstellt: Sie lesen still im Buch und springen spontan auf, wenn sie beispielsweise eine Klingel hören: *I was reading when the doorbell rang.*

grammar signposts   4

Methodische Empfehlungen

SCHRITT 1: Die Schülerinnen und Schüler lesen die Sprechblasen und sagen, was die einzelnen Personen gerade machten, als das Licht ausging (erleuchtete Fenster abdecken). Die Sätze werden angeschrieben und die entsprechenden Wörter unterstrichen oder in Farbe geschrieben.

ground floor:	Pam was doing her homework.
1st floor:	They were watching football on television.
2nd floor:	They were playing chess.

SCHRITT 2: Die Schüler werden aufgefordert, den Satzbau zu erklären.

Pam's friend:	What were you doing when the lights went out?
Pam:	I was doing my homework.

	was/were		*-ing*-Form	
What	were	you	doing	when the lights went out?
I	was		doing	my homework.

SCHRITT 3: Das Zusammenspiel der beiden Zeitformen *simple past* und *past progressive* wird an der Tafel demonstriert.

SCHRITT 4: Vergleich Englisch und Deutsch: Im Deutschen verwenden wir das Wort *gerade*, im Englischen eine eigene Struktur (*was/were* + *-ing*-Form = *past progressive*).

Ich machte	gerade	meine Hausaufgaben, als das Licht ausging.
I	was doing	my homework when the lights went out

Arbeitsblatt 2

Was in der Vergangenheit passiert ist

❶ Schreibe auf, was die Personen in dem Haus gerade machten, als das Licht ausfiel.

1 _____
2 _____
3 _____

❷ Es beginnt zu regnen – das Telefon klingelt – es donnert – schwarze Wolken ziehen auf: Womit waren diese Personen zu dieser Zeit gerade beschäftigt?

1  2  3  4

1 _____
2 _____
3 _____
4 _____

❸ Schreibe mit einem Partner oder einer Partnerin auf, was gerade passiert sein könnte, als es einen Feueralarm gab.

When the alarm went off, _____

_____
_____
_____
_____

Was man erlebt oder erledigt hat

3

GRAMMATISCHE STRUKTUR:

Present perfect　　　　　　　　　　*Present perfect*
(einfache Form und Verlaufsform)　*(simple and progressive)*

KONTEXT:

Außergewöhnliche Wohnverhältnisse　*A place to live*

KLASSENSTUFEN:

ab Klasse 8

BESCHREIBUNG:

Das *present perfect* bereitet besonders den Schülerinnen und Schülern aus Süddeutschland einige Schwierigkeiten, zumal sie es aufgrund der muttersprachlich beeinflussten Satzgenerierung zu stark übergeneralisieren: *Yesterday I've tidied up the garden* (muttersprachliche Interferenz). Dieser Fehler muss auf alle Fälle kognitiv und automatisierend beseitigt werden.

Der Formkomplex *present perfect* wird als Funktionskomplex erläutert, zum Beispiel:

- *talking about experience: We've been to London. But we've never been abroad.*
- *talking about completed tasks: I've tidied up the garden.*
- *talking about a period of time: We've had him for three years.*

Für lernstärkere Schülerinnen und Schüler können die beiden folgenden Funktionen ebenfalls kognitiviert werden:

- *unfinished space of time: I haven't seen John this week* (die Woche ist noch nicht vorbei!).
- *recency: She's just left the office* (das ist gerade geschehen!).

grammar signposts　6　7

Methodische Empfehlungen

SCHRITT 1: Die Schülerinnen und Schüler lesen die Sprechblasen und versuchen zu erschließen, was die beiden Aussteiger jeweils sagen wollen.

We've been to London. But we've never been abroad.	Sie wollten sagen, wo sie bereits gewesen sind und wo noch nicht.
We've been living here for ten years.	Sie wollen sagen, dass sie bereits zehn Jahre hier wohnen (auch weiterhin).
I've tidied up the garden.	Er will sagen, dass er etwas erledigt hat.
We've had him for three years.	Er sagt, dass sie den Hund seit drei Jahren haben.

SCHRITT 2: Die Schülerinnen und Schüler werden aufgefordert, die Fragen mit den richtigen Antworten zu verbinden.

1	How long have you had your dog?	c	For three years.
2	How long have you been living here?	e	For ten years.
3	Have you tidied up the garden?	d	Yes, I have. It looks lovely, doesn't it?
4	Have you been to London?	a	Yes, we have.
5	Have you ever been abroad?	b	No, we haven't.

SCHRITT 3: Die Schülerinnen und Schüler werden aufgefordert, über einen Freund zu schreiben. Sie sollen schreiben, …

… dass du ihn seit vielen Jahren kennst.	I've known him for many years.
… dass er in vielen Ländern gewesen ist.	He's been to many countries.
… dass er immer schon hier wohnt.	He's been living here all his life.
… dass er seit zwei Wochen einen Hund besitzt.	He's had a dog for two weeks.
… dass er noch nie gemein zu dir war.	He's never been rude to me.
… dass du gerade etwas Nettes für ihn gekauft hast.	I've just bought something nice for him.

Arbeitsblatt 3

Was man erlebt oder erledigt hat

❶ Was wollten die beiden Aussteiger ausdrücken?

1 We've *been* to London. But we've never *been* abroad. _____

2 We've *been living* here for ten years. _____

3 I've *tidied up* the garden. _____

4 We've *had* him for three years. _____

❷ Verbinde die Fragen mit den richtigen Antworten.

1 How long have you had your dog?   a Yes, we have.

2 How long have you been living here?   b No, we haven't.

3 Have you tidied up the garden?   c For three years.

4 Have you been to London?   d Yes, I have. It looks lovely, doesn't it?

5 Have you ever been abroad?   e For ten years.

❸ Schreibe über einen Freund:

1 … dass du ihn seit vielen Jahren kennst. _____

2 … dass er in vielen Ländern gewesen ist. _____

3 … dass er immer schon hier wohnt. _____

4 … dass er seit zwei Wochen einen Hund besitzt. _____

5 … dass er noch nie gemein zu dir war. _____

6 … dass du gerade etwas Nettes für ihn gekauft hast. _____

Was vorbei oder noch nicht vorbei ist

4

GRAMMATISCHE STRUKTUR:
Present perfect und Vergangenheit

Present perfect and simple past

KONTEXT:
Über Haustiere sprechen

Talking about pets

KLASSENSTUFEN:
ab Klasse 6

BESCHREIBUNG:
Der Unterschied zwischen den beiden Verbformen kann relativ einfach visualisiert werden. Die Schülerinnen und Schüler erkennen die unterschiedlichen Konzepte: *I had him for three years* vs. *I've had him for three years.* Da die Lernenden bei ihrer Sprachgenerierung in der Regel vom Deutschen ausgehen, verwenden sie die Gegenwartsform des Verb, und das führt zu häufigen Fehlern: *Ich habe seit drei Jahren einen Hund = *I have a dog for three years* anstatt *I've had a dog for three years*.

Neben der Visualisierung durch entsprechende Bilder kann auch der bekannte Zeitenstrahl zum Einsatz kommen:

Vergangenheit ———————(Zeitpunkt des Sprechens)——————— Zukunft

I had a dog for thee years.

I've had a dog for three years.

grammar signposts 3 6

Methodische Empfehlungen

SCHRITT 1: Das Situationsbild wird gezeigt und die Schülerinnen und Schüler werden aufgefordert, die Sprechblasen zu lesen. Dann sollten sie die beiden Verbformen unterstreichen und den Unterschied in der Bedeutung ausformulieren.

I had him for three years.	Das ist vorbei. Sie hatte einen Hund namens Rex. Der lebt nicht mehr.
I've had him for three weeks.	Sie hat einen Hund namens Rover. Sie hat ihn erst seit drei Wochen.

SCHRITT 2: Die Schülerinnen und Schüler setzen bei Aufgabe 2 ihre Häkchen an die richtige Stelle.

	vorbei	nicht vorbei
I had a guinea pig at the age of four.	✓	
My son has had one since his birthday.		✓
I've always wanted a pet.		✓
I wanted a dog when I was a child.	✓	
Rex was very ill for a long time.	✓	
Rex has been very ill for a long time.		✓

SCHRITT 3: Die Schülerinnen und Schüler übersetzen die Sätze in Aufgabe 3.

Ich habe seit sieben Jahren eine Katze.	I've had a cat for seven years.
Ich wollte schon immer einen Hund.	I've always wanted a dog.
Als Kind wollte ich kein Haustier.	I didn't want a pet when I was a child.
Ich kenne meinen Freund schon sehr lange.	I've known my friend for a long time.
Ich kannte auch ihre Eltern sehr gut.	I also knew her parents very well.
Sie hat den Hund gerade zum Tierarzt gebracht.	She's just taken the dog to the vet.

SCHRITT 4: Anschließend wird der Unterschied zum Deutschen erklärt:

I have had a dog for three years.	*Present perfect*
Ich habe seit drei Jahren einen Hund.	*Gegenwart (Präsens)*

Arbeitsblatt 4

Was vorbei oder noch nicht vorbei ist

❶ Unterstreiche die Verbformen in den beiden Sätzen und erkläre den Unterschied in der Bedeutung.

1　I had him for three years.　_____

　　_____

2　I've had him for three weeks.　_____

　　_____

❷ Was ist vorbei und was ist nicht vorbei? Kreuze richtig an.

	vorbei	nicht vorbei
1　I had a guinea pig at the age of four.	☐	☐
2　My son has had one since his birthday.	☐	☐
3　I've always wanted a pet.	☐	☐
4　I wanted a dog when I was a child.	☐	☐
5　Rex was very ill for a long time.	☐	☐
6　Rex has been very ill for a long time.	☐	☐

❸ Wie sagt man das auf Englisch?

1　Ich habe seit sieben Jahren eine Katze.　_____

2　Ich wollte schon immer einen Hund.　_____

3　Als Kind wollte ich kein Haustier.　_____

4　Ich kenne meinen Freund schon sehr lange.　_____

5　Ich kannte auch ihre Eltern sehr gut.　_____

6　Sie hat den Hund gerade zum Tierarzt gebracht.　_____

❹ Welche Verbformen werden in den beiden Sprachen verwendet?

1　I *have had* a dog for three years.　_____

2　Ich *habe* seit drei Jahren einen Hund.　_____

Was bereits zuvor passierte

5

GRAMMATISCHE STRUKTUR:

Vollendete Vergangenheit (einfache Form und Verlaufsform)

Past perfect (simple and progressive)

KONTEXT:

Entschuldigungen für nicht erledigte Hausaufgaben

Excuses for not doing one's homework

KLASSENSTUFEN:

ab Klasse 9

BESCHREIBUNG:

Das *past perfect* und das *past perfect progressive* werden verwendet, um auszudrücken, dass eine Handlung oder ein Vorgang bereits vor einem vergangenen Ereignis stattgefunden hat. Zwei hauptsächliche Verwendungsweisen sind zu beobachten:

- Ursache: *I didn't know what to do because I had left my diary at school.*
- Abfolge von zwei Handlungen oder Ereignissen: *After I had been walking the dog in the rain for hours, I had a temperature all of a sudden. – Before I had a temperature, I had been walking the dog in the rain.*

Um diese langen Sätze zu vermeiden, wird den Schülerinnen und Schülern für den mündlichen Sprachgebrauch empfohlen, die beiden Ereignisse, Vorgänge oder Handlungen zweimal mit dem *simple past* zu realisieren: *I walked the dog in the rain. Then I had temperature all of a sudden.* Diese pragmatische Lösung wird auch von *native speakers* favorisiert.

grammar signposts 8 9

Methodische Empfehlungen

SCHRITT 1: Die Schülerinnen und Schüler versuchen die deutschen Äquivalente für die Texte in den Sprechblasen zu finden.

SCHRITT 2: Die Schülerinnen und Schüler sollen das Schema auf ihrem Arbeitsblatt ausfüllen, wobei man zwischen den weiter zurückliegenden Tätigkeiten oder Ereignissen bezüglich deren Dauer differenziert.

Ereignis in der Vergangenheit	weiter zurückliegendes Ereignis von:		
	kurzer Dauer	längerer Dauer	
1 I didn't find my English book.	✓		I had lost it on my way back home from school.
2 I was too tired on Saturday.		✓	I had been working hard.
3 My arm hurt.	✓		I had fallen down the stairs on Friday.
4 I didn't know how to do it. So I gave up.		✓	I had been trying hard before, but it was no good.
5 I didn't know what to do.	✓		I had left my diary at school.
6 I had a temperature all of a sudden.		✓	I had been walking the dog in the rain for hours.

SCHRITT 3: Die Schülerinnen und Schüler versuchen in Partner- oder Gruppenarbeit, die passenden Beispiele in die Merkskizze (*past perfect simple* vs. *past perfect progressive*) einzutragen.

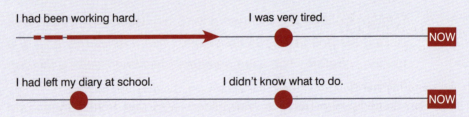

Arbeitsblatt 5

Was war bereits zuvor passiert

❶ Übersetze die Sprechblasentexte der Schülerinnen und Schüler aus der Zeichnung ins Deutsche.

❷ Trage die Begründungen in die richtige Spalte ein.

Ereignis in der Vergangenheit	weiter zurückliegendes Ereignis von:		
	kurzer Dauer	längerer Dauer	
1 I didn't find my English book.	☐	☐	_____
2 I was too tired on Saturday.	☐	☐	_____
3 My arm hurt.	☐	☐	_____
4 I didn't know how to do it. So I gave up.	☐	☐	_____
5 I didn't know what to do.	☐	☐	_____
6 I had a temperature all of a sudden.	☐	☐	_____

❸ Trage die vier Beispielsätze in die Skizze ein, die den Unterschied zwischen dem *past perfect simple* und dem *past perfect progressive* verdeutlichen. Was muss man sich zur Vorvergangenheit einprägen?

I was very tired.   I had been working hard.
I didn't know what to do.   I had left my diary at school.

NOW

NOW

Was in der Zukunft passiert

6

GRAMMATISCHE STRUKTUR:
Formen des Futurs — *Future tense forms*

KONTEXT:
Reisevorbereitungen — *Going on holiday*

KLASSENSTUFEN:
ab Klasse 9

BESCHREIBUNG:

Die englische Sprache bietet viele Möglichkeiten, um über Zukünftiges sprechen oder schreiben zu können. Für die Wahl einer bestimmten Zukunftsform ist die Sprechabsicht entscheidend:

- Zukunft mit dem *simple present* (Fahrpläne): *The ferry leaves at ten.*
- Zukunft mit *will* (Vorhersage): *It will be a cold and rainy day tomorrow.*
- Zukunft mit *will* (spontaner Entschluss): *I'll get it straight away.*
- Zukunft mit *going to* (sichtbare Anzeichen): *The car is going to break down.*
- Zukunft mit *going to* (Pläne): *I'm going to have a party.*
- Zukunft mit der *-ing*-Form (sicheres Ereignis in der Zukunft): *Tomorrow we'll be lying on the beach.*
- Zukunft mit dem *present progressive* (bereits entschieden und verabredet): *We are going to the cinema tonight.*

Diese Komplexität ist für Lernende schwierig zu meistern, da die vorhandene Unterrichtszeit zu knapp bemessen ist.

grammar signposts | 1 | 2 | 10 | 11 | 14

Methodische Empfehlungen

SCHRITT 1: Die Schülerinnen und Schüler lesen die Sprechblasen und stellen fest, dass es immer um Zukünftiges geht. Dann füllen sie die Tabelle aus.

The ferry leaves at ten.	Das wird sicher geschehen. Die Fähren fahren nach Plan.
It will be a cold and rainy day tomorrow.	Das wurde vorhergesagt, zum Beispiel durch den Wetterbericht.
Look at the luggage. The car is going to break down.	Das könnte geschehen. Die Anzeichen sind deutlich zu sehen.
Oh, my mobile. I'll get it straight away.	Man entschließt sich, etwas spontan zu tun.
I'm going to write lots of postcards this year.	Das beabsichtigt man zu tun.
We are having dinner in France tonight. Wow!	Das steht fest. Das wurde so geplant.
This time tomorrow we'll be lying on the beach.	Das wird zu einem bestimmten Zeitpunkt so geschehen.

SCHRITT 2: Die Schülerinnen und Schüler vervollständigen die Lückensätze mit den entsprechenden Verbformen.

It certainly will be a quiet week. A whole week just for me. Great!

I'm going to watch the late-night programme on television.

My friends are coming for tea this afternoon.

There's a late-night horror film on TV at midnight. I like horror films.

It's going to be a fine day. The sun is shining!

We will be having much fun together.

Arbeitsblatt 6

Was in der Zukunft passiert

1 Es gibt viele Möglichkeiten, über Zukünftiges zu sprechen.
Was drückt man mit den einzelnen Verbformen aus?

1. The ferry **leaves** at ten. _____

2. It **will be** a cold and rainy day tomorrow. _____

3. Look at the luggage. The car **is going to break** down. _____

4. Oh, my mobile. I**'ll get** it straight away. _____

5. I**'m going to write** lots of postcards this year. _____

6. We **are having** dinner in France tonight. Wow! _____

7. This time tomorrow we**'ll be lying** on the beach. _____

2 Grandma freut sich, dass sie nun endlich allein ist.
Eine Woche ohne die Familie! Trage die passenden Verbformen ein.

1. It certainly _____ a quiet week. A whole week just for me. Great!

2. I _____ the late-night programme on television.

3. My friends _____ for tea this afternoon.

4. There _____ a late-night horror film on TV at midnight. I like horror films.

5. It _____ a fine day. The sun is shining!

6. We _____ much fun together.

33

Was zu einem bestimmten Zeitpunkt geschieht

GRAMMATISCHE STRUKTUR:
Verlaufsform des Verbs   *Progressive form*

KONTEXT:
Klassenzimmer   *Classroom*

KLASSENSTUFEN:
ab Klasse 8

BESCHREIBUNG:
Der gerade sich vollziehende Verlauf einer Handlung kann in allen Zeitformen ausgedrückt werden: *Are you listening? (present)*, *I've been waiting for it for two weeks (present perfect)* oder *This time tomorrow we'll be leaving for Italy (future)*. Für viele Lernende bleibt der Aspekt ein ziemlich anspruchsvoller Lerninhalt. Oftmals entsteht durch die intensive Einübung der *-ing*-Form zum Ausdruck des momentanen Geschehens eine sogenannte proaktive Lernhemmung, die das Hinzulernen von anderen Tempusformen behindert. Das komplizierte Zusammenspiel von Tempus, Modus und Aspekt wird von den Lernenden kaum verstanden und ist deshalb eindeutig ein universitärer Lerninhalt beim Studium einer Fremdsprache. Im Unterricht können die nötigen Einsichten in das Konzept wiederum durch dramagrammatische Inszenierungen erreicht werden: Schülerinnen und Schüler mimen zum Beispiel gestresste Kinder in der letzten Stunde vor der Ferien: *This time tomorrow I'll be …*

Methodische Empfehlungen

SCHRITT 1: Die Schüler lesen die Sprechblasen und verbalisieren die Sprechanlässe.

Kate! Are you listening?	Die Lehrerin will wissen, ob Kate zuhört.
I was doing my homework when the lights suddenly went out.	Sie sagt, dass sie gerade ihre Hausaufgaben machte, als das Licht ausging.
I've been waiting for it for two weeks.	Sie sagt, dass sie bereits seit zwei Wochen auf den Aufsatz wartet.
This time tomorrow we will be leaving for Italy.	Sie träumt davon, dass sie morgen um diese Zeit nach Italien aufbrechen.
I had been waiting for two hours when he finally turned up.	Sie sagt, dass sie bereits zwei Stunden gewartet hatte, als er schließlich kam.

SCHRITT 2: Die Schülerinnen und Schüler ordnen die Sätze den Sprachfunktionen zu.

Mit der *-ing*-Form drückt man aus:

- was gerade geschieht:
  I'm waiting for you.

- was zu einer bestimmten Zeit geschah:
  I was waiting for you.

- was seit einer bestimmten Zeit geschieht:
  I've been waiting for you since 12 o'clock.

- was noch vor einem Ereignis in der Vergangenheit geschah:
  I had been waiting for a long time when he finally called me.

- was zu einer bestimmten Zeit geschehen wird:
  I will be waiting for you as usual.

Arbeitsblatt 7

Was zu einem bestimmten Zeitpunkt geschieht

❶ Was kann man mit der *-ing*-Form alles ausdrücken?

1. Kate! Are you listening?

2. I was doing my homework when the lights suddenly went out.

3. I've been waiting for it for two weeks.

4. This time tomorrow we will be leaving for Italy.

5. I had been waiting for him for two hours when he finally turned up.

❷ Ordne die folgenden Sätze den Sprechabsichten richtig zu.

I had been waiting for a long time when he finally called me.
I'm waiting for you.
I will be waiting for you as usual.
I was waiting for you.
I've been waiting for you since 12 o'clock.

Mit der *-ing*-Form drückt man aus:

1. was gerade geschieht

2. was zu einer bestimmten Zeit geschah

3. was seit einer bestimmten Zeit geschieht

4. was noch vor einem Ereignis in der Vergangenheit geschah

5. was zu einer bestimmten Zeit geschehen wird

37

Was gemacht wird (1)

GRAMMATISCHE STRUKTUR:
Verbformen im Passiv   *Passive verb forms*

KONTEXT:
Unfallautos   *Cars damaged in an accident*

KLASSENSTUFEN:
ab Klasse 9

BESCHREIBUNG:
Ein Passivsatz ist schwieriger zu verstehen und zu bilden als ein Aktivsatz: *The engine has been checked carefully* vs. *I've checked the engine carefully.*
Passivsätze finden sich häufig in Berichten oder Nachrichten über Ereignisse und spielen beim Hörverstehen eine wichtige Rolle. Sie bestehen
- aus dem Subjekt, mit dem etwas geschieht,
- aus einer Form von *be* im entsprechenden Tempus,
- aus dem *past participle* und
- aus möglichen adverbialen Bestimmungen.

Subjekt	Form von *be*	past participle	Adverb
The engine	*has been*	*checked*	*carefully.*

Grundsätzlich sollte man den Schülerinnen und Schülern raten, beim mündlichen Sprachgebrauch vorzugsweise aktivisch zu formulieren: *They took him to hospital* (Man brachte ihn ins Krankenhaus) anstatt: *He was taken to hospital.*

Methodische Empfehlungen

SCHRITT 1: Die Schülerinnen und Schüler betrachten das Szenarium und versuchen in Partnerarbeit die deutschen Äquivalente zu den Passivformen zu finden:
All our cars are sold at very low prices.
Unsere Autos werden alle zu sehr niedrigen Preisen verkauft.

SCHRITT 2: Dann tragen die Schülerinnen und Schüler in Aufgabe 1 die vorgegebenen Zeitformen auf ihren Arbeitsblättern ein und markieren die Passivformen.

All our cars are sold at very low prices.	simple present
It was owned by an old lady.	simple past
The engine has been checked carefully. It's okay.	present perfect
It had just been serviced before the accident.	past perfect
Both the bonnet and the bumper are going to be replaced.	*going-to*-future
It will be finished by the end of this week.	*will*-future
It will have been repaired by Friday 5.00 pm. Promise.	future perfect
A repair order is being written at the moment.	present progressive

SCHRITT 3: Die Schülerinnen und Schüler erledigen die Aufgabe 2 auf ihren Arbeitsblättern: Wie würde man das auf Englisch sagen?

Das ist eine Abschleppzone. Dein Auto könnte abgeschleppt werden.	This is a tow-away zone. Your car might be towed away.
Schau, Papa! Unser Auto wird gerade abgeschleppt.	Dad, look! Our car is being towed away.
Das Auto wurde gerade abgeschleppt, als wir zurückkamen.	The car was being towed away when we came back.
Das Öl wurde gewechselt.	The oil has been changed.
Die Autoreparatur wird vor Freitag nicht abgeschlossen sein.	The repairs won't be finished before Friday.
Unfallautos sollten nicht repariert, sondern geschreddert werden.	Damaged cars should be shredded, not repaired.

Was gemacht wird (1)

❶ Trage für jeden Beispielsatz den richtigen Namen der Zeitformen ein. Markiere die Passivform.

- future perfect
- simple present
- past perfect
- *will*-future
- simple past
- present progressive
- present perfect
- *going-to*-future

1 All our cars are sold at very low prices. _____

2 It was owned by an old lady. _____

3 The engine has been checked carefully. It's okay. _____

4 It had just been serviced before the accident. _____

5 Both the bonnet and the bumper are going to be replaced. _____

6 It will be finished by the end of this week. _____

7 It will have been repaired by Friday 5.00 pm. Promise. _____

8 A repair order is being written at the moment. _____

❷ Wie würde man das auf Englisch sagen?

1 Das ist eine Abschleppzone. Dein Auto könnte abgeschleppt werden.
   Abschleppzone: tow away zone

2 Schau, Papa! Unser Auto wird gerade abgeschleppt.

3 Das Auto wurde gerade abgeschleppt, als wir zurückkamen.
   abschleppen: to tow away

4 Das Öl wurde gewechselt.

5 Die Autoreparatur wird vor Freitag nicht abgeschlossen sein.

6 Unfallautos sollten nicht repariert, sondern geschreddert werden.
   Unfallautos: damaged cars

Was gemacht wird (2)

9

GRAMMATISCHE STRUKTUR:
Das Passiv   *Passive voice*

KONTEXT:
Beim Tierarzt   *At the vet's*

KLASSENSTUFEN:
ab Klasse 9

BESCHREIBUNG:
Möchte man die Ursache oder den Täter eines Geschehens nennen, so muss man dies mit dem sogenannten *by-agent* zum Ausdruck bringen: *He has been hit by a car.*
Mit der Zeit sollen die Schülerinnen und Schüler erkennen, dass man die Ursache oder den Verursacher nur dann nennt, wenn dies von Bedeutung ist. Der Passivsatz *He's being examined by the doctor at the moment* wäre eigentlich redundant, zumal es klar ist, dass nur der Arzt die Untersuchung durchführt.
In vielen Fällen ist das semantische Differenzial zwischen einer aktivischen und einer passivischen Formulierung zu beachten:
- *He always beats his dog* (Anklage eines rüden Hundebesitzers)
- *The dog is always beaten* (Mitleidsbekundung für die arme Kreatur)

Weiterführende sinnvoll kontextualisierte Übungen zum Passiv bieten die verkürzten Überschriften in englischen Tageszeitungen. Die Schülerinnen und Schüler haben die Aufgabe, entsprechende Überschriften zu finden, diese auszuschneiden und auszuformulieren: *Roads flooded after heavy rain. (Roads were flooded after heavy rain.)*

Methodische Empfehlungen

SCHRITT 1: Die Schülerinnen und Schüler werden aufgefordert, die Sätze in die passende Rubrik einzutragen oder dies auf Zuruf selbst an der Tafel vorzunehmen. Dabei soll der Verbkomplex genau untereinander geschrieben und farblich markiert werden.

Das geschieht häufig	Thousands of them *get hurt* each year.
Das ist geschehen	He *has been hit* by a car.
Das geschah zu einer bestimmten Zeit	I think he *was knocked down* by a motorcycle this morning. Our neighbour's cat *was killed* last week.
Das geschieht momentan	He *is being examined* at the moment.
Das wird geschehen	Yes, he *will be taken* to the animal clinic tomorrow.

SCHRITT 2: Die Schülerinnen und Schüler sollen nur die formale Regelhaftigkeit beschreiben.

	Form von *be* oder *get*	*Past participle* (Verb aus der 3. Spalte)	*by-agent* und andere Angaben
He	has been	hit	by a car.
I think he	was	knocked down	by a motorcyclist.
Our neighbour's cat	was	killed	last week.
Thousands of them	get	hurt	each year.
He	is being	examined	at the moment.
He	will be	taken	to the animal clinic tomorrow.

SCHRITT 3: Die Schülerinnen und Schüler werden aufgefordert, die Gelegenheiten aufzuzählen, bei denen man Passivsätze sehr häufig antrifft:
- Zeitungsberichte über Unfälle
- Naturkatastrophen
- Verbrechen
- Gewaltausbrüche
- Kochrezepte
- Gebrauchsanweisungen
- Verordnungen

und so weiter.

Arbeitsblatt 9

Was gemacht wird (2)

❶ Trage die Sätze aus den Sprechblasen richtig ein:

1 Das geschieht häufig _____

2 Das ist geschehen _____

3 Das geschah zu einer bestimmten Zeit _____

4 Das geschieht momentan _____

5 Das wird geschehen _____

❷ Wie wird das Passiv gebildet?
Trage die für das Passiv notwendigen Elemente ein.

_____   _____   _____

_____   _____   _____

He	has been	hit	by a car.
I think he	was	knocked down	by a motorcyclist.
Our neighbour's cat	was	killed	last week.
Thousands of them	get	hurt	each year.
He	is being	examined	at the moment.
He	will be	taken	to the animal clinic tomorrow.

❸ Suche in Zeitungen oder im Internet aktuelle Nachrichten und schreibe einige Passivsätze auf.
Versuche auch einige Passivsätze mit *by-agent* zu finden.

1 _____

2 _____

3 _____

4 _____

5 _____

Was man tun darf, tun sollte, tun muss …

GRAMMATISCHE STRUKTUR:
Modalverben *Modal auxiliaries*

KONTEXT:
Krankenhausaufenthalt *In hospital*

KLASSENSTUFEN:
ab Klasse 7

BESCHREIBUNG:
Die modalen Hilfsverben haben einen hohen Frequenzwert, zumal man mit ihnen zahlreiche Mitteilungsabsichten ausdrücken kann. Deshalb ist eine Betrachtung unter dem Vorzeichen von Mitteilungsabsichten durchaus angebracht und sehr erfolgversprechend:

- Erlaubnis: *Can I / may / could watch television tonight?*
- Verbot: *You can't / may not / mustn't get up.*
- Bitte: *Can / could / would you help me, please?*
- Vorschläge: *Shall I get you something to drink?*
- Einladungen: *Won't you come in and sit down?*
- Ratschläge: *What shall / should / can / could I do?*
  You should / ought to take your medicine now.
- Befehle: *You must / have to go to bed now.*

Die Anordnung von modalen Hilfsverben auf einer Skala macht die Lernprobleme sehr transparent. Die folgende Skala erstreckt sich von der starken Gewissheit zur Ungewissheit:

▮ *This must be Mum.*
▮ *This should be Mum.*
▮ *This can be Mum.*
▪ *This may be Mum.*
▁ *This might be Mum.*

Methodische Empfehlungen

SCHRITT 1: Die Schülerinnen und Schüler werden aufgefordert, die Sprechblasen zu lesen und anzugeben, was die Besucherin und der Arzt dem Kranken sagen.

SCHRITT 2: Eine Tabelle wird an der Tafel skizziert und die entsprechenden Sätze auf Zuruf der Schülerinnen und Schüler eingetragen.

must	You must stay in bed.	sagen, was man tun muss
mustn't	You mustn't get up.	sagen, was man nicht tun darf
needn't	You needn't worry.	sagen, was man nicht zu tun braucht
can	You can watch TV.	sagen, was man tun kann
will	Will you take two pills twice a day?	jemanden höflich auffordern, etwas zu tun
should	You should take your medicine now.	sagen, was jemand tun sollte
could	I could read to you.	sagen, was man tun könnte
may	Your mother may come and see you tomorrow.	sagen, was wahrscheinlich ist
shall	Shall I bring you a nice cup of tea?	fragen, ob man etwas für jemanden tun kann
might	There might be some cake left.	sagen, was ungewiss ist
ought	You ought to sleep now.	sagen, was jemand jetzt tun sollte
would	Would you please give me your mobile phone?	jemanden höflich um etwas bitten

SCHRITT 3: Zusammen mit den Schülerinnen und Schülern wird an der Tafel eine Merkhilfe entwickelt:
Deutsch vs. Englisch.

	modales Hilfsverb		Vollverb
Er	muss	im Bett	bleiben.
Er	sollte	im Bett	bleiben.
Er	kann	im Bett	bleiben.

	modales Hilfsverb	Vollverb	
He	must	stay	in bed.
He	should	stay	in bed.
He	can	stay	in bed.

Arbeitsblatt 10

Was man tun darf, tun sollte, tun muss ...

❶ Was sagen die Besucherin und der Arzt dem kranken Jungen?

1 You must stay in bed. _____
2 You mustn't get up. _____
3 You needn't worry. _____
4 You can watch TV. _____
5 You should take your medicine now. _____
6 Will you take two pills twice a day? _____
7 I could read to you. _____
8 Your mother may come and see you tomorrow. _____
9 May I bring you a nice cup of tea? _____
10 There might be some cake left. _____
11 You ought to sleep now. _____
12 Would you please give me your mobile phone? _____

❷ Was will man mit den einzelnen modalen Hilfverben sagen?

1 You **must** stay in bed. *sagen, was man*
2 You **mustn't** get up. *sagen, was man*
3 You **needn't** worry. *sagen, was man*
4 You **can** watch TV. *sagen, was man*
5 **Will** you take two pills twice a day? *jemanden höflich*
6 I **could** read to you. *sagen, was man*
7 You **should** take your medicine now. *sagen, was jemand*
8 Your mother **may** come and see you tomorrow. *sagen, was*
9 **Shall** I bring you a nice cup of tea? *fragen, ob man*
10 There **might** be some cake left. *sagen, was*
11 You **ought** to sleep now. *sagen, was jemand*
12 **Would** you please give me your mobile phone? *jemanden*

49

Dinge und Personen vergleichen

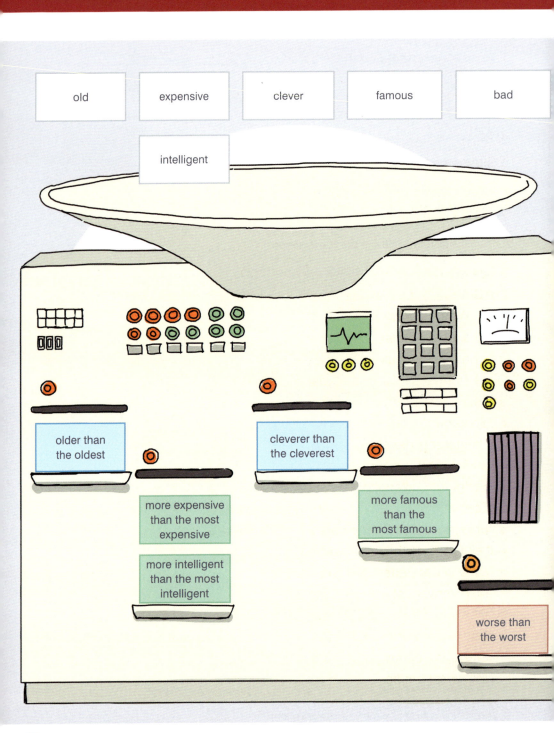

GRAMMATISCHE STRUKTUR:
Steigerung der Adjektive   *Comparison of adjectives*

KONTEXT:
Steigerungscomputer   *Comparison computer*

KLASSENSTUFEN:
ab Klasse 6

BESCHREIBUNG:
Die Steigerungsformen der Adjektive werden von den Lernenden als feste Wortverknüpfungen (Kollokationen) gespeichert: *older than, more expensive than.* Deshalb kann bei der Wiederholung der Steigerungsformen ausnahmsweise auf ganze Sätze verzichtet werden. Die Lernenden sollen sich daran erinnern, dass man fünf unterschiedliche Steigerungsregeln beherrschen sollte:
- Steigerung der 1-silbigen Adjektive: mit *-er/-est*
- Steigerung der 2-silbigen Adjektive, die auf *-y, -er, -le* und *-ow* enden (*-er/-est*-Steigerung)
- Steigerung aller anderen 2-silbigen Adjektive mit *more/most*
- Steigerung der 3- und 4-silbigen Adjektive mit *more/most*
- unregelmäßige Steigerung, zum Beispiel *little, less, least.*

Auf einige Ausnahmen hinweisen:
- *Little* in der Bedeutung von „klein" wird nicht gesteigert. Man verwendet *smaller – smallest*.
- Der Komparativ von *old* ist zumeist *older;* bei attributivem Gebrauch ist auch *elder* möglich: *She is two years older than me; She is the oldest pupil in class; My elder sister lives in New York; My eldest brother got married last year.*

Methodische Empfehlungen

SCHRITT 1: Die Schülerinnen und Schüler betrachten die Abbildung und versuchen sich die drei unterschiedlichen Möglichkeiten der Steigerung in Erinnerung zu rufen: (1) Steigerung mit -er/-est, (2) Steigerung mit *more/most* und (3) die unregelmäßige Steigerung. Die Begriffe „Grundform" („Positiv"), „Komparativ" und „Superlativ" *(positive/comparative/superlative)* werden nur bei einer vertiefenden Sprachbetrachtung verwendet.

SCHRITT 2: Anschließend sollen die Schülerinnen und Schüler erkennen, wie 1-silbige, 2-silbige, 3- und mehrsilbige Adjektive gesteigert werden. Dabei finden sie heraus, dass es eigentlich nur bei den 2-silbigen Adjektiven ein Lernproblem gibt.

SCHRITT 3: Die Schülerinnen und Schüler sollen die angegebenen 2-silbigen Adjektive je nach der zu wählenden Steigerungsmethode in die passenden Spalten eintragen. Hier muss man Hilfe anbieten, zumal eine Regelhaftigkeit nicht abzuleiten ist.

> 2-silbige Adjektive *(-er/-est)*:
> clever, happy, narrow, gentle
>
> 2-silbige Adjektive *(more/most)*:
> famous, careful, tired, modern

SCHRITT 4: Nun wird das komplexe Regelwerk gemeinsam in der Gruppe erarbeitet, wobei die Schülerinnen und Schüler nur die vorgegebenen Sätze vervollständigen müssen.

> 1-silbige Adjektive (zum Beispiel *old*)
> steigert man mit -er/-est.
>
> 2-silbige Adjekte, die auf -y/-er/-le/-ow enden (zum Beispiel *happy, clever, gentle, narrow*), steigert man mit -er/-est.
>
> 2-silbe Adjektive mit anderen Endungen (zum Beispiel *boring*)
> steigert man mit *more/most*.
>
> 3- und mehrsilbige Adjektive (zum Beispiel *interesting*)
> steigert man mit *more/most*.

SCHRITT 5: Für leistungsstärkere Lernende kann man noch darauf hinweisen, dass zahlreiche 2-silbige Adjektive sowohl germanisch *(-er/-est)* als auch romanisch *(more/most)* gesteigert werden können, zum Beispiel: *polite – more polite – most polite* bzw. *polite – politer – the politest*.

Arbeitsblatt 11

Dinge und Personen vergleichen

❶ Auf wie viele Arten steigert man Adjektive im Englischen?

1 Anhängen von _____ und _____ an das Adjektiv

2 _____ und _____ vor das Adjektiv stellen

3 _____ Steigerung (muss man auswendig lernen)

❷ Es gibt klare Regelungen zur regelmäßigen Steigerung der Adjektive. Trage die Anzahl der Silben in die Tabelle ein. Wo gibt es ein Lernproblem?

Anzahl der Silben

1 old – older than – the oldest _____

2 expensive – more expensive than – the most expensive _____

3 intelligent – more intelligent than – the most intelligent _____

4 clever – cleverer than – the most clever _____

5 famous – more famous than – the most famous _____

❸ Trage die folgenden zweisilbigen Adjektive in die passende Spalte ein.

- clever
- happy
- narrow
- tired
- famous
- careful
- gentle
- modern

2-silbige Adjektive *(-er/-est)*   2-silbige Adjektive *(more/most)*

_____   _____

_____   _____

❹ Erstelle nun die Regeln in der Gruppe, wobei ihr nur die Sätze vervollständigen müsst.

1 1-silbige Adjektive steigert man mit _____ .

2 2-silbige Adjektive, die auf *-y/-er/-le/-ow* enden, steigert man mit _____ .

3 2-silbe Adjektive mit anderen Endungen steigert man mit _____ .

4 3- und mehrsilbige Adjektive steigert man mit _____ .

Gleichheit und Ungleichheit

GRAMMATISCHE STRUKTUR:
Vergleiche in Sätzen   *Sentences with comparisons*

KONTEXT:
Ferienangebote   *Talking about holidays*

KLASSENSTUFEN:
ab Klasse 7

BESCHREIBUNG:
Den Schülerinnen und Schülern wird aufgezeigt, wie man den Vergleich in Sätzen zum Ausdruck bringt. Dazu sind vier Strukturen nötig,
- um die Gleichheit der Vergleichsglieder auszudrücken:
  Boating holidays are as expensive as caravan holidays.
- um die Ungleichheit der Vergleichsglieder auszudrücken:
  Boating holidays are more exciting than camper holidays.
  Croatia is less expensive than France.
- um die Unübertroffenheit eines der Vergleichsglieder auszudrücken:
  A nice hotel is the most relaxing place to spend a great holiday.

Im Vergleich werden feste Wortverbindungen verwendet, die vom Gehirn auch als Einheit gespeichert werden *(chunks, collocations)*: *as expensive as/more expensive than* etc.

Methodische Empfehlungen

SCHRITT 1: Die Schülerinnen und Schüler lesen die Sprechblasen und versuchen die Meinungen der Familienmitglieder zu verstehen. In Aufgabe 1 halten sie eigene Urlaubsvorstellungen fest.

SCHRITT 2: Die Lehrkraft schreibt auf Zuruf die Sätze in die passende Spalte und unterstreicht die entsprechenden Kollokationen.

weniger als	Sleeping in a tent is not as expensive as sleeping in a hotel. Croatia is less expensive than France.
mehr als	Boating holidays are more exciting than camper holidays. Boats are nicer than campers.
genauso wie	But boating holidays are as expensive as caravan holidays.
unübertroffen	A nice hotel is the most relaxing place to spend a great holiday. The best place for a mum!

SCHRITT 3: An der Tafel folgt eine Abstraktion der Sprechabsichten an der Tafel (Kollokationen):

Gleichheit	Ungleichheit	Überragendes
as nice as as expensive as	cheaper than (mehr als) more exciting than (mehr als) not as expensive as (weniger als) less expensive than (weniger als)	the most relaxing the best

SCHRITT 4: Aufgabe 3 ermuntert die Schülerinnen und Schüler dazu, eine visuelle Merkhilfe zu erstellen.

Gleichheit (as ... as)	Ungleichheit (-er than/more than) (not as ... as)	Überragendes (the ...est/the most)

Arbeitsblatt **12**

Gleichheit und Ungleichheit

❶ Sammle Ideen.

What's your favourite way to spend a holiday?

_____

_____

_____

_____

❷ Die Familienmitglieder vergleichen ihre Vorstellungen über Urlaub. Schreibe die passenden Sätze in die entsprechenden Zeilen.

1 weniger als _____

_____

2 mehr als _____

_____

3 genauso wie _____

_____

4 unübertroffen _____

_____

❸ Versuche die Regeln zum Vergleichen mit einer Zeichnung darzustellen, die sich gut als Merkhilfe eignet.

Gleichheit (as … as)	Ungleichheit (-er than/more than) (not as … as)	Überragendes (the -est/the most)

Wie etwas geschieht

13

GRAMMATISCHE STRUKTUR:
Adverbien der Art und Weise *Adverbs of manner*

KONTEXT:
Rücksichtsloses Autofahren *Reckless driving*

KLASSENSTUFEN:
ab Klasse 8

BESCHREIBUNG:
Auch hier gibt es Systemunterschiede zwischen dem Englischen und dem Deutschen. Deswegen ist eine kognitive Wiederholung durchaus angebracht. Was sollte erneut überdacht werden? Einige Vorschläge:

- Im Deutschen unterscheiden sich Adjektive und Adverbien der Art und Weise nicht: *Ich bin ein guter Schüler. Ich spreche gut Englisch.*
- Im Englischen bildet man das Adverb in der Regel durch das Anhängen von *-ly* an das Adjektiv: *I'm a careful driver. I always drive carefully.*

Lernprobleme gibt es mit den unregelmäßigen Formen. Einmal können Adjektiv und Adverb gleich sein: *It was hard work. I had to work hard.* Zum anderen können sie sehr verschieden sein: *She is a good guitarist. She plays the guitar very well.*

Nach den Verben der sinnlichen Wahrnehmung wie *look, smell, taste* stehen keine Adverbien: *It looks good, smells good, but it tastes awful.* Die Adverbien, die auf *-ly* enden, werden mit *more* und *most* gesteigert: *You have to speak more clearly.*

Methodische Empfehlungen

SCHRITT 1: Die Schülerinnen und Schüler werden aufgefordert, den Dialog zwischen Fahrer und Beifahrerin prosodisch passend vorzutragen (Partnerarbeit).

SCHRITT 2: Die Schülerinnen und Schüler sollen nun Sätze mit Adjektiven und Adverbien unterscheiden und sie der Lehrkraft zum Eintrag in die Tabelle mitteilen.

Adjektive im Satz	Adverbien im Satz
This time he'll get a ticket for reckless driving.	He's always driving recklessly!
I'm a careful driver.	Slow down and drive carefully.
I like fast cars.	Why are you going so fast?
I've never had a serious accident.	But I've been seriously hurt in a car accident.
It was hard work.	I had to work hard for the money.

SCHRITT 3: Der Unterschied zwischen dem Deutschen und dem Englischen wird erklärt:

Ich bin ein vorsichtiger Fahrer. Fahre vorsichtig.	**Deutsch: Adverb = Adjektiv** Adverb und Adjektiv unterscheiden sich nicht.
I'm a careful driver. Drive carefully.	**Englisch: Adverb ≠ Adjektiv** Im Englischen unterscheidet sich die Form des Adverbs vom Adjektiv.
It was hard work. I had to work hard.	**Englisch: Adverb = Adjektiv** Im Englischen gibt es aber auch Ausnahmen.

Arbeitsblatt 13

Wie etwas geschieht

1 Sprich mit deinem Partner oder deiner Partnerin den Dialog zwischen dem Fahrer und der Beifahrerin möglichst realistisch.

2 Wie würde sich das auf Deutsch anhören?

3 Was weißt du noch über Adjektive und Adverbien in der englischen Sprache?

4 Schreibe die Sätze, in welchen ein Adverb oder ein Adjektiv vorkommen, in die passenden Spalten.

Adjektive im Satz	Adverbien im Satz

5 Vergleiche Adjektive und Adverbien und erkläre den Unterschied zwischen dem Deutschen und dem Englischen.

1. Ich bin ein vorsichtiger Fahrer.
   Fahre vorsichtig.

2. I'm a careful driver.
   Drive carefully.

3. It was hard work.
   I had to work hard.

Irgendwer, irgendwie, irgendwas …

14

GRAMMATISCHE STRUKTUR:

Zusammensetzungen mit *some / any / no*

Some / any / no with compounds

KONTEXT:

Etwas für die Jugend tun

Do something for our youth

KLASSENSTUFEN:

ab Klasse 7

BESCHREIBUNG:

Die Schülerinnen und Schüler sollten daran erinnert werden, dass einige Wörter nur in bejahten Sätzen, andere nur in verneinten Sätzen vorkommen. Die Zusammensetzungen von *some / any / no* sind immer dann wichtig,
- wenn wir von Personen sprechen:
  somebody / someone oder *anybody / anyone* oder *nobody*;
- wenn wir von Gegenständen und Sachverhalten sprechen:
  something, anything, nothing;
- wenn wir über Örtlichkeiten sprechen:
  somewhere, anywhere, nowhere.

Auch mit einer Tabelle kann man die Regelhaftigkeit aufzeigen:

some	*any*	*no*
somebody,	*anybody,*	*nobody,*
someone,	*anyone,*	*no one,*
something,	*anything,*	*nowhere*
somewhere,	*anywhere,*	
somewhat,	*anyhow*	
somehow		

Methodische Empfehlungen

SCHRITT 1: Die Sätze werden in eine Tabelle an der Tafel eingetragen:

some + compounds	*Something* must be done. There are *some* fitness studios. It's *somewhat* disappointing. It must be possible *somehow*. *Somebody* must be responsible. If we don't do anything, the kids will go *somewhere* else.
any + compounds	Okay, but there aren't *any* playgrounds. We haven't got *any*. The council doesn't do *anything*. *Anyhow*, we can try. The kids can't go *anywhere*.
no + compounds	There's *nothing* for young people to do. There's *nowhere* to go. *No* community centre. *Nobody* from the council cares. *No one* will help us!

SCHRITT 2: Die Schülerinnen und Schüler formulieren die deutschen Äquivalente:

some + compounds	Es muss etwas getan werden. Es gibt hier einige Fitnessstudios. Es ist irgendwie enttäuschend. Es muss irgendwie möglich sein. Irgendjemand muss dafür verantwortlich sein. Wenn wir nicht etwas tun, werden die Kinder irgendwo anders hingehen.
any + compounds	Okay, aber hier gibt es keine Spielplätze. Wir haben keine. Der Stadtrat tut nichts. Dennoch können wir es versuchen. Die Kinder können nirgends hingehen.
no + compounds	Hier gibt es für junge Leute nichts zu tun. Sie können nirgends hin. Kein Jugendzentrum. Niemand aus dem Stadtrat kümmert sich. Kein Einziger hilft uns!

SCHRITT 3: Die Regelhaftigkeiten wiederholen:

In bejahten Aussagesätzen:	some somebody something somewhere
In verneinten Aussagesätzen und Fragen:	any anybody anything anywhere

Arbeitsblatt 14

Irgendwer, irgendwie, irgendwas …

❶ Ordne die Sätze aus den Sprechblasen ein.

1 **some** + compounds _____

2 **any** + compounds _____

3 **no** + compounds _____

❷ Wie sagt man das auf Deutsch?

1 **some** + compounds _____

2 **any** + compounds _____

3 **no** + compounds _____

❸ Kannst du eine Regel aufstellen?

1 In **bejahten Aussagesätzen** _____
   verwendet man

2 In **verneinten Aussagesätzen** _____
   und **Fragen** verwendet man

Sätze verbinden

GRAMMATISCHE STRUKTUR:
Wichtige Konjunktionen   *Important conjunctions*

KONTEXT:
Kuriose Erfindungen   *Strange inventions*

KLASSENSTUFEN:
ab Klasse 8

BESCHREIBUNG:
Die meisten Konjunktionen bereiten den Schülerinnen und Schülern wenige Probleme:
- Zeit *(time)*: after, before, when, whenever, while, till, until
- Ort *(place)*: where, wherever
- Grund *(reason)*: as, because
- Zweck *(purpose)*: in order to (um zu), so that (damit, sodass)
- Art und Weise *(manner)*: how, which way

Die kontrastiv gebrauchten Konjunktionen sind allerdings anspruchsvoller: *Instead of (anstatt), once (wenn … einmal), unless (wenn nicht), even if (selbst wenn), although, even though (obwohl) rather … than (lieber … als)*.

Für den mündlichen Sprachgebrauch sollte man den Schülerinnen und Schülern empfehlen, komplexere Satzverbindungen zu vermeiden und kürzere Einzelsätze zu formulieren: *Even though it's not cheap, it's worth the money. Well, it's not cheap. But it's worth the money.*

Methodische Empfehlungen

SCHRITT 1: Die Schülerinnen und Schüler betrachten das Situationsbild und versuchen die deutschen Äquivalente zu den Aussagen zu finden.

Instead of just hearing the alarm, you can feel it.	Anstatt den Weckruf nur zu hören, kann man ihn fühlen.
Once you get used to it, you won't get scared anymore.	Sobald man sich daran gewöhnt hat, wird man sich nicht mehr erschrecken.
Unless you forget to plug it in, it's absolutely reliable. (*Unless* hat die gegenteilige Bedeutung von *if*.)	Wenn man nicht vergisst, ihn einzustecken, funktioniert er absolut zuverlässig.
Even if there is a blackout during the night, it will wake you in the morning.	Selbst wenn nachts der Strom ausfällt, weckt er Sie morgens auf.
Although I'm a light sleeper, I don't wake up in the morning.	Obwohl ich nicht tief schlafe, wache ich am Morgen nicht auf.
Even though it's not cheap, it's worth the money.	Obwohl es wirklich nicht billig ist, ist er sein Geld wert.
I'd rather oversleep than get a shock in the morning.	Ich würde *lieber* verschlafen, *als* am Morgen einen Schock zu bekommen.

SCHRITT 2: Fakultative Aufgabe: Den Unterschied zwischen *even though* und *although* erklären.

➕	**Bedingung positiv** *Although* it's very cheap,	**Folge negativ** I *won't* buy it.	➖
➖	**Bedingung negativ** *Even though* it's *not* cheap,	**Folge positiv** it's worth the money.	➕

SCHRITT 3: Die Schülerinnen und Schüler erledigen die Einsatzübung (Aufgabe 2) auf ihrem Arbeitsblatt. Lösung:

1 rather/than   2 even if   3 although   4 once   5 instead of   6 unless   7 even though

SCHRITT 4: Visualisierung als Daueraushang, zum Beispiel:

Instead of   just hearing the alarm, you can feel it.
Anstatt   den Weckruf nur zu hören, kann man ihn fühlen.
Once   you get used to it, you won't get scared anymore.
Sobald   man sich daran gewöhnt hat, wird man sich nicht mehr erschrecken.
Unless   you forget to plug it in, it's absolutely reliable.
Wenn   man   nicht   vergisst, ihn einzustecken, funktioniert er absolut zuverlässig.

Arbeitsblatt 15

Sätze verbinden

❶ Wie würde man das auf Deutsch sagen?

1 **Instead of** just hearing the alarm, you can feel it.
   _____

2 **Once** you get used to it, you won't get scared anymore.
   _____

3 **Unless** you forget to plug it in, it's absolutely reliable.
   _____

4 **Even if** there is a blackout during the night, it will wake you in the morning.
   _____

5 **Although** I'm a light sleeper, I don't wake up in the morning.
   _____

6 **Even though** it's not cheap, it's worth the money.
   _____

7 **I'd rather** oversleep **than** get a shock in the morning.
   _____

❷ Wie würde man das auf Deutsch sagen?

1 *Ich würde mir lieber einen besseren Wecker kaufen, als so viel Geld auszugeben.*

   I'd _____ buy a better alarm clock _____ spending so much money.

2 *Selbst wenn es funktioniert, ist das eine sehr ungewöhnliche Weckart.*

   _____ it works, it's quite an unusual way of being woken up.

3 *Obwohl ich ein Technikfan bin, werde ich lieber von meinem Radiowecker geweckt.*

   _____ I'm a technology freak, I prefer to be woken up by my radio clock.

4 *Sobald man die Software installiert hat, kann man die Stärke wählen.*

   _____ you have installed the software, you can select the power.

5 *Anstatt darüber zu spekulieren, wie sich das anfühlt, sollte man es einfach ausprobieren.*

   _____ speculating how it feels, you should simply test it.

6 *Wenn man keine Probleme mit Lehrern haben will, sollte man versuchen pünktlich zu sein.*

   _____ you want trouble with your teachers, you should try to be on time.

7 *Obwohl ich nur wenig Geld habe, werde ich es kaufen.*

   _____ I have little money, I will buy it.

Ich hätte gerne ein grünes

GRAMMATISCHE STRUKTUR:
Ersatzwort / Stützwort *one*   *Prop word* one

KONTEXT:
Kleider kaufen   *Buying clothes*

KLASSENSTUFEN:
ab Klasse 8

BESCHREIBUNG:
Damit man ein Substantiv nicht wiederholen muss, kann man es durch das sogenannte *prop word one* (Singular) und *ones* (Plural) ersetzen. Die Lehrkraft sollte nochmals aufzeigen, wie es verwendet wird:
- Es ersetzt ein Nomen: *I like the red dress. And I like the blue one.*
- Es steht hinter einem Fragewort: *Which one do you like?*
- Man verwendet es bei der Zeigefunktion: *This one or that one?*

Hier muss auch der Unterschied zum Deutschen wiederholt werden. Im Englischen kann das Adjektiv nicht allein stehen:
- deutsch: *Ich mag das grüne Kleid. Und ich mag das blaue.*
- englisch: *I like the green dress. And I like the blue one.*

Die Ersatzfunktion sollte farbig, mit Fettdruck, Unterstreichungen, anderen Schriftgrößen oder Farbkästchen memoriert werden.

Methodische Empfehlungen

SCHRITT 1: Die Schülerinnen und Schüler lesen die Sprechblasen und versuchen in mündlicher Partnerarbeit die deutschen Äquivalente auszuformulieren.

SCHRITT 2: Eine Tabelle wird an der Tafel entwickelt, die aufzeigt, wo das Stützwort sehr häufig vorkommt (Aufgabe 2). Die Schülerinnen und Schüler müssen die passenden Sätze aus den Sprechblasen suchen, die die Lehrkraft dann einträgt.

one ersetzt ein Nomen	I like the yellow dress. I like the red one.
one nach Fragewort	Which one do you prefer?
one nach den Demonstrativpronomen *this/that* bzw. *these/those*	These ones or those ones? This one or that one?
one nach Adjektiven	The red one or the white one? The brown ones or the black ones?
bei Vergleichen	The white one is cheaper than the green one.

SCHRITT 3: Der Vergleich mit dem Deutschen wird angeregt und kognitiviert (Aufgabe 3); den Unterschied sollte man dabei mit einem Platzhalter demonstrieren bzw. visualisieren.

Ich mag das rote Kleid .
Ich mag das rote .
I like the red dress .
I like the red one .
Die braunen Schuhe oder die schwarzen Schuhe ?
Die braunen oder die schwarzen ?
The brown shoes or the black shoes ?
The brown ones or the black ones ?
Adjektive können im Deutschen allein stehen, im Englischen nicht.

Arbeitsblatt 16

Ich hätte gerne ein grünes

**❶ Fast in jedem Satz findest du das Stützwort *one* oder *ones*.
Jeder aus eurer Fünfergruppe überlegt sich, wie man eine Sprechblase auf Deutsch ausfüllen müsste.**

❷ Suche nach den passenden Beispielsätzen und trage diese ein.

1 *one* ersetzt ein Nomen _____

2 *one* nach Fragewort _____
3 *one* nach den Demonstrativpronomen *this/these* und *that/those* _____

4 *one* nach Adjektiven _____

5 bei Vergleichen _____

**❸ Adjektive können im Englischen nicht allein stehen, im Deutschen schon.
Wie könnte man den Unterschied zwischen dem Deutschen und dem Englischen auf einem Plakat darstellen?**

Über Tätigkeiten sprechen

GRAMMATISCHE STRUKTUR:
Das *gerund* als Subjekt und Objekt   *Gerund as subject and object*

KONTEXT:
Sich über Haustiere unterhalten   *Talking about pets*

KLASSENSTUFEN:
ab Klasse 7

BESCHREIBUNG:
Den Schülerinnen und Schülern wird in Erinnerung gerufen, dass ein *gerund* sowohl eine Subjektrolle als auch eine Objektrolle übernehmen kann:

- *Eating too much is really bad for him.* (Gerund als Subjekt.)
- *He likes sleeping in his basket all day.* (Gerund als Objekt.)

Im mündlichen Sprachgebrauch werden die Gerundialstrukturen mitunter umgangen, indem man an deren Stelle zwei Aussagen formuliert:

- *He eats too much. This is really bad for him* anstatt *Eating too much is really bad for him.*

Das traditionelle Auswendiglernen von Verben, nach welchen nur das *gerund* stehen darf, ist wenig effektiv und wird nicht mehr unterstützt.

Methodische Empfehlungen

SCHRITT 1: Die Schülerinnen und Schüler werden beauftragt, die Sprechblasen zu lesen und mündlich ins Deutsche zu übertragen.

Eating too much is really bad for him.	Das viele Essen ist wirklich nicht gut für ihn.
Taking him out for a walk every day is a must.	Jeden Tag mit ihm spazieren zu gehen ist ein Muss.
Walking upstairs quickly is better than using the lift.	Schnell die Treppen hinauf laufen ist besser als den Aufzug zu benutzen.
He likes being fed three times a day.	Er wird gerne dreimal am Tag gefüttert.
I don't like taking him out in bad weather.	Bei schlechtem Wetter mag ich nicht gerne mit ihm spazieren gehen.
He enjoys sleeping in his basket all day long.	Er genießt es, den ganzen Tag in seinem Korb zu schlafen.

SCHRITT 2: Anschließend tragen die Schülerinnen und Schüler die fehlenden vier Sätze in die Tabelle ein. Sie sollen erkennen, dass die gerundialen Strukturen sowohl in Subjektposition als auch in Objektposition stehen können.

Gerund als Subjekt	*Gerund* als Objekt
Eating too much is really bad for him.	He likes *being fed three times a day*.
Taking him out for a walk every day is a must.	I don't like *taking him out in bad weather*.
Walking upstairs quickly is better than using the lift.	He enjoys *sleeping in his basket all day*.

SCHRITT 3: Für leistungsstärkere Schülerinnen und Schüler können die Adjektive und Verben mit Präpositionen wiederholt werden, nach welchen ein *gerund* stehen muss, zum Beispiel:

Rex is good at chasing cats.
Rex ist gut im Jagen von Katzen.

Arbeitsblatt 17

Über Tätigkeiten sprechen

❶ Lies und übersetze die Sprechblasen-Texte.

❷ Ordne die restlichen vier Sätze in die folgende Tabelle ein. Unterstreiche immer das ganze Subjekt oder Objekt.

Gerund als Subjekt	*Gerund* als Objekt
<u>Eating too much</u> is really bad for him.	He likes <u>being fed three times a day</u>.

❸ Ergänze die fehlenden Präpositionen vor den *gerund*-Formen und übersetze.

		Präposition	*gerund*
1	Rex is good	_____	chasing cats.
2	I am interested	_____	studying veterinary medicine.
3	He isn't happy	_____	having a good meal in the morning.
4	I'm fed up	_____	taking him out in bad weather.
5	I'm tired	_____	taking him to the vet every week.
6	Why don't you play with him	_____	watching television all day?

- with
- of
- without
- in
- instead of
- at

1 _____
2 _____
3 _____
4 _____
5 _____
6 _____

Selbst gemacht

GRAMMATISCHE STRUKTUR:

Pronomen mit -*self*/-*selves*   -*self pronouns*

KONTEXT:

Ein Baumhaus bauen   *Building a tree house*

KLASSENSTUFEN:

ab Klasse 7

BESCHREIBUNG:

Die Formen und Funktionen dieser Pronomen sind nicht zu umgehen und müssen den Lernenden geläufig sein. Der Funktionskomplex sollte übersichtlich dargestellt werden:

- zur Hervorhebung einer Person: *Our teacher himself said so.* („Selbst unser Lehrer sagte das.")
- zur Betonung der eigenen Leistung einer Person: *He did it himself.* („Er hat es selbst gemacht.")
- als Reflexivpronomen: *I cut myself several times.* („Ich habe mich mehrmals geschnitten.")

Die Lernenden muss man daran erinnern, dass die Reflexivpronomen im Englischen weitaus sparsamer als im Deutschen verwendet werden. Wenn keine Zweifel bestehen, dass sich die Tätigkeit auf das Subjekt bezieht, steht im Englischen kein Reflexivpronomen:

I got up at seven. I washed, got dressed und left the house.
Ich stand um sieben Uhr auf. Ich wusch mich, zog mich an und verließ das Haus.

Methodische Empfehlungen

SCHRITT 1: Die Schülerinnen und Schüler lesen die Sprechblasen und versuchen die deutschen Äquivalente zu finden:

Did you really build it yourselves?	Habt ihr das wirklich selbst gebaut?
Yes, we did it all ourselves.	Ja, wir haben das ganz allein gemacht.
I can't believe they did it themselves.	Ich kann es nicht glauben, dass sie das allein gemacht haben.
I drew the plan myself.	Ich habe den Plan selbst gezeichnet.
All by himself? I'm impressed!	Er ganz allein? Alle Achtung!
Yes, that's right. He drew the plan himself.	Ja, richtig. Er zeichnete den Plan allein.
The tree house looks great, doesn't it? Our teacher himself said so.	Das Baumhaus schaut großartig aus, nicht wahr? Selbst unser Lehrer sagte das.
I cut myself several times.	Ich habe mich mehrmals geschnitten.

SCHRITT 2: Anschließend sollen die drei Funktionen der Pronomen mit *-self/-selves* herausgefunden werden.

I *drew* the plan *myself.*	Betonen, dass jemand etwas selbst gemacht hat: „Ich habe den Plan selbst gezeichnet."
Our *teacher himself* said so.	Zur Heraushebung einer Person: „Selbst unser Lehrer sagte das."
I *cut myself* several times.	Als Reflexivpronomen *(reflexive pronoun)*: „Ich habe mich mehrere Male geschnitten."

SCHRITT 3: Die Schülerinnen und Schüler bekommen den Auftrag als Hausaufgabe, sich im Internet über das DIY-Prinzip zu informieren (*DIY shops, DIY fashion und DIY blogs* etc.). Sie sollen sich einige Ideen notieren, die sie besonders attraktiv finden, und diese in der Klasse vorstellen.

Arbeitsblatt 18

Selbst gemacht

❶ Lies die Sprechblasen genau durch und schreibe die deutschen Sätze dazu auf.

1   Did you really build it yourselves?   _____

2   Yes, we did it all ourselves.   _____

3   I can't believe they did it themselves.   _____

4   I drew the plan myself.   _____

5   All by himself? I'm impressed!   _____
6   Yes, that's right.
    He drew the plan himself.   _____
7   The tree house looks great, doesn't it?
    Our teacher himself said so.   _____

8   I cut myself several times.   _____

❷ Wozu werden die Pronomen mit -self/-selves gebraucht?
Schreibe die Funktion des Reflexivpronomens neben die vorgegebenen Sätze.

1   I **drew** the plan **myself**.   _____
    _____

2   Our **teacher himself**   _____
    said so.
    _____

3   I **cut myself** several   _____
    times.
    _____

❸ Das DIY-Prinzip *(Do It Yourself)* ist wieder sehr modern.
Suche im Internet nach *DIY shops*, *DIY fashion* und *DIY blogs*
und notiere dir einige der dort angebotenen Ideen.

_____
_____
_____
_____
_____

Ist das deiner?

19

GRAMMATISCHE STRUKTUR:
Substantivisch gebrauchte Possessivpronomen *Substantival possessives*

KONTEXT:
Wem gehört dieser Hund? *Whose dog is it?*

KLASSENSTUFEN:
ab Klasse 8

BESCHREIBUNG:
Die substantivisch verwendeten Possessivpronomen gehören primär in den Bereich der Mündlichkeit und haben dort eine bedeutsame kommunikative Funktion. Sie beziehen sich auf ein vorher genanntes Substantiv.
Man sollte den Schülerinnen und Schülern den Unterschied zwischen Possessivpronomen und substantivierten Possessivpronomen in Erinnerung rufen:

my	your	his	her	its	our	your	their
mine	yours	his	hers	–	ours	yours	theirs

Auf zwei Spezialfälle hinweisen: *his/his* (beide Pronomentypen sind gleich); für *its* existiert kein substantivisch gebrauchtes Possessivpronomen.
Schließlich sollten die Lernenden nochmals darauf hingewiesen werden, dass man die substantivischen Possessivpronomen auch in der nachgestellten *of*-Struktur verwendet. Dies ist immer dann der Fall, wenn man über Freunde spricht: *He's an old friend of mine. You can invite some friends of yours if you want to.*

Methodische Empfehlungen

SCHRITT 1: Die Schülerinnen und Schüler werden aufgefordert, die Sprechblasen genau zu lesen und anschließend die unterstrichenen Wörter durch das entsprechende substantivierte Possessivpronomen *(substantival possessive)* zu ersetzen.

Possessivpronomen + Substantiv	Substantivierte Possessivpronomen (ohne Substantiv)
I think it's *your dog*.	I think it's yours.
No, it's not *my dog*.	No, it's not mine.
Maybe it's one of *his dogs*.	Maybe it's one of his.
It must be *their dog*.	It must be theirs.
No, it's not *our dog*.	No, it's not ours.
It must be *her dog*.	It must be hers.

SCHRITT 2: Die Schülerinnen und Schüler sollen nun die Tabelle auf ihrem Arbeitsblatt ergänzen. Achtung: Für *its* gibt es kein substantiviertes Possessivpronomen und bei *his* ändert sich nichts.

SCHRITT 3: Zusätzliche Informationen für leistungsstärkere Lerngruppen:
Substantivierte Possessivpronomen haben drei Aufgaben, nämlich:

1	Sie ersetzen ein Substantiv.	A: I think it's Susan's dog. B: Yes, it's *hers*.
2	Sie werden häufig gebraucht, wenn man über Freunde spricht.	He's a friend *of mine*. („Er ist ein Freund von mir.")
3	Sie können ganze Satzteile vertreten.	A: Our neighbours' dog barks day and night. B: So does *mine*. („Meiner auch.")

Ist das deiner?

❶ Ersetze die hervorgehobenen Wörter durch ein einziges Wort.

1. I think it's **your dog**. → I think it's _____
2. No, it's not **my dog**. → No, it's not _____
3. Maybe it's one of **his dogs**. → Maybe it's one of _____
4. It must be **their dog**. → It must be _____
5. No, it's not **our dog**. → No, it's not _____
6. It must be **her dog**. → It must be _____

❷ Ergänze die folgende Tabelle.

Possessivpronomen	substantiviertes Possessivpronomen	zu beachten:
my	_____	
your	_____	
his	_____	_____
her	_____	
its	_____	*keine substantivierte Form!*
our	_____	
your	_____	
their	_____	

Fragen stellen

GRAMMATISCHE STRUKTUR:
Fragebildung　　　　　　　　*Making questions*

KONTEXT:
Reisen　　　　　　　　　　　*Travelling*

KLASSENSTUFEN:
ab Klasse 7

BESCHREIBUNG:
Die Fragestruktur in der englischen Sprache unterscheidet sich von der deutschen erheblich und ist deshalb für viele Schülerinnen und Schüler ein andauerndes Lernproblem. Die wesentlichen Unterschiede sollten durch konkrete Vergleiche nochmals erarbeitet werden, zum Beispiel:

- kein Vollverb am Satzanfang: *Sprichst du Englisch? Do you speak English?* (nicht: **Speak you English?*)
- kein Fragewort und Vollverb am Satzanfang: *Wo fährt er ab? Where does it leave from?* (nicht: **Where leaves it from?*)
- keine Endposition des *past participle: Bist du im Informationszentrum gewesen? Have you been to the information centre?* (nicht: **Have you to the information centre been?*)

Frageformen können nur interaktiv in Partner- oder Gruppenarbeit und streng kontextbezogen eingeübt werden. Beim spontanen Sprachgebrauch sollten sich die weniger leistungsstarken Schülerinnen und Schüler der Intonationsfrage bedienen *(simplification strategy)*.

Methodische Empfehlungen

SCHRITT 1: Die Schülerinnen und Schüler lesen die angegebene Sprechblase und ordnen die darin enthaltenen Fragen den Fragetypen zu.

Fragesatz-Arten

Entscheidungsfrage	Are you from Germany?
Ergänzungsfrage	What time did you arrive this morning?
Verneinte Frage	Haven't you got a rail rover ticket?
Alternativfrage	Would you rather take the bus or the Underground?
Intonationsfrage	You arrived three hours late?
Tag question	This is your first visit to England, isn't it?

SCHRITT 2: Die Schülerinnen und Schüler werden angewiesen, die Fragen aus den anderen Sprechblasen nach der vorgegeben Typisierung zu ordnen.

a Fragen, die mit einem **Hilfsverb** beginnen

Do	you	speak English?
Have	you	been to the information centre?
Are	you	going to see the castle?

b Fragen, die mit einem **modalen Hilfsverb** beginnen

Can	I	help you?
May	I	have a closer look?

c Fragen, die mit einem **Fragewort** beginnen

Where	is the next underground station, please?
How	far is it?

d Fragen, die mit einem **Fragewort und einem Hilfsverb** beginnen

How	do	I get there?
Where	would	you like to go?
Where	does	it leave from?

e Frageanhängsel *(question tag)*

You've never been here before,	have you?

f Intonationsfrage

You don't know the way?
You arrived three hours late?

Arbeitsblatt 20

Fragen stellen

❶ Ordne die 6 Fragen aus der Sprechblase rechts ein.

Fragesatz-Art

Entscheidungsfrage _____

Ergänzungsfrage _____

Verneinte Frage _____

Alternativfrage _____

Intonationsfrage _____

Tag question _____

❷ Ordne die Fragen aus den anderen Sprechblasen ein.

a Fragen, die mit einem Hilfsverb beginnen

_____

_____

b Fragen, die mit einem modalen Hilfsverb beginnen

_____

_____

c Fragen, die mit einem Fragewort beginnen

_____

_____

d Fragen, die mit einem Fragewort und einem Hilfsverb beginnen

_____

_____

e Frageanhängsel *(question tag)*

_____

f Intonationsfragen

_____

_____

Eine Antwort erzwingen

GRAMMATISCHE STRUKTUR:
Frageanhängsel *Question tags*

KONTEXT:
Fahrprüfung *Driving test*

KLASSENSTUFEN:
ab Klasse 7

BESCHREIBUNG:
Das englische Frageanhängsel *(question tag)* ist für *non-natives* oftmals recht kompliziert. Sie werden mit dem Hilfsverb gebildet oder mit einer Form von *do*, wenn kein Hilfsverb vorhanden ist.
- Das Frageanhängsel eines bejahten Satzes ist verneint:
  You've failed your driving test again, haven't you?
- Das Frageanhängsel eines verneinten Satzes ist bejaht:
  You didn't learn anything, did you? You never take things seriously, do you? But I am your friend, aren't I?

Nicht nur strukturell, sondern auch intonatorisch ist der *question tag* nicht unproblematisch, zumal man durch eine steigende oder fallende Stimme dem sprachlichen Gegenüber signalisiert, ob man nun eine Stellungnahme erwartet oder nicht. Die Aussage *You hit the curb, didn't you?* kann je nach Betonung ein Vorwurf sein oder auch nur eine neutrale Feststellung. Den Schülerinnen und Schülern sollte man deshalb nahelegen, bei mündlichen Interaktionen auf das Frageanhängsel zu verzichten. Aus verschiedenen Unterrichtsbeobachtungen ist bekannt, dass ohnehin nur ca. 2 % der Schülerinnen und Schüler dieses sprachliche Phänomen verwenden, und wenn sie es tun, wird es in der Regel falsch intoniert.

Methodische Empfehlungen

SCHRITT 1: Die Schülerinnen und Schüler lesen die Vorwürfe des Vaters und sammeln die unterschiedlichen Möglichkeiten, wie man im Deutschen das *question tag* (Frageanhängsel) bildet: …, nicht? , … nicht wahr? , … oder? , … stimmt's? , … gell?

SCHRITT 2: Die Schülerinnen und Schüler bekommen den Auftrag, die entsprechenden *question tags* einzutragen und deren Funktion zu erklären (Verstärkung, Nachdruck, Erwartung einer Erklärung etc.).

Hilfsverb bejaht

It's a shame, isn't it?
You've failed the driving test again, haven't you?
Theory tests are easy nowadays, aren't they?

Hilfsverb verneint

And you won't fail again next time, will you?
You didn't learn anything for the theory test, did you?
You didn't even attend the lessons regularly, did you?

Vollverb bejaht

Only losers fail, don't they?
You hit the curb, didn't you?
You ran a red light, didn't you?

Vollverb verneint

You never take things seriously, do you?
You never took the mock exam, did you?
You never study really hard, do you?

SCHRITT 3: Die Schülerinnen und Schüler formulieren eigenständig eine Regularität:

Hauptsatz bejaht → *question tag* verneint
Hauptsatz verneint → *question tag* bejaht

SCHRITT 4: Die Schülerinnen und Schüler versuchen, die Reaktionen des Sohnes mit dem entsprechenden *question tag* zu versehen.

And you have never helped me with the theory test, have you?
You didn't explain any traffic rules to me, did you?
I asked you several times to help me, didn't I?
You always said you had no time, didn't you?
It was easy to get the driving licence twenty years ago, wasn't it?
Everybody passed the test the first time, didn't they?
But today it's much more demanding, isn't it?
This is not the end of the world, is it?

Eine Antwort erzwingen

**❶ Trage die passenden *question tags* (Frageanhängsel) ein.
Unterstreiche dabei das Verb im Hauptsatz.**

Hilfsverb bejaht

1   It's a shame, _____
2   You've failed your driving test again, _____
3   Theory tests are easy nowadays, _____

Hilfsverb verneint

4   And you won't fail again next time, _____
5   You didn't learn anything for the theory test, _____
6   You didn't even attend the lessons regularly, _____

Vollverb bejaht

7   Only losers fail, _____
8   You hit the curb, _____
9   You ran a red light, _____

Vollverb verneint

10   You never take things seriously, _____
11   You never took the mock exam, _____
12   You never study really hard, _____

❷ Ergänze nun die Antworten des Sohnes mit dem passenden *question tag*.

1   And you have never helped me with the theory test, _____
2   You didn't explain any traffic rules to me, _____
3   I asked you several times to help me, _____
4   You always said you had no time, _____
5   It was easy to get the driving licence twenty years ago, _____
6   Everybody passed the test the first time, _____
7   But today it's much more demanding, _____
8   This is not the end of the world, _____

Nebensätze verkürzen

GRAMMATISCHE STRUKTUR:
Verkürzte Nebensätze mit *Question words + infinitive*
Fragewörtern + Infinitiv

KONTEXT:
Nach dem Weg fragen *Asking the way*

KLASSENSTUFEN:
ab Klasse 7

BESCHREIBUNG:

Infinitivsätze sind in der gesprochenen Sprache hochfrequent: *I don't know how to get to Buckingham Palace. Can you help me?*
Die folgenden Syntagmen sind einfach zu speichern:
I don't know
- *where to go*
- *what to do*
- *how to get there*
- *which line to take*

Die Satzverkürzung muss konkret durch genaues Untereinanderschreiben visualisiert werden:

Do you know which line ⬚I should take⬚ *to Oxford Circus?*
Do you know which line ⬚to take⬚ *to Oxford Circus?*

Methodische Empfehlungen

SCHRITT 1: Die Schülerinnen und Schüler werden beauftragt, die Sprechblasen zu lesen und zu sagen, was die Touristen alles erfragen und wissen wollen.
One of them wants to …

SCHRITT 2: Die Schülerinnen und Schüler ordnen die Beispielsätze in die richtige Spalte ein. Das jeweils erste Beispiel ist vorgegeben.

Nebensätze	verkürzte Nebensätze (Infinitiv)
(1) I don't know which line I should take to Oxford Circus.	(2) And can you tell me *where to find* a bank near here?
(4) Do you know how I can get there?	(3) I don't know *how to get* to Buckingham Palace.
(6) And can you tell me where I can buy a guide book?	(5) I don't know *where to park* my car.
(8) I don't know how I can get back to the hotel.	(8) I don't know *what to do*.

SCHRITT 3: Den Schülerinnen und Schülern wird der Verkürzungsprozess erklärt. Tafelanschrieb:

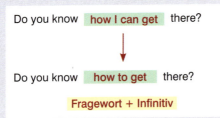

SCHRITT 4: Die Schülerinnen und Schüler bekommen die Aufgabe, die angegebenen Sätze zu verkürzen.

Nebensätze	verkürzte Nebensätze (Infinitiv)
I don't know where I have to go.	I don't know *where to go*.
Do you know where I can find a filling station near here?	Do you know *where to find* a filling station near here?
I wonder how I can get back to my hotel.	I wonder *how to get back* to my hotel.
Could you tell me where I can buy a ticket for the Underground?	Could you tell me *where to buy* a ticket for the Underground?
May I ask you how I can get back to the motorway?	May I ask you *how to get back* to the motorway?

Nebensätze verkürzen

❶ Trage die noch fehlenden Sätze (Sätze 3–8) in die richtige Spalte ein.

Nebensätze	verkürzte Nebensätze (Infinitiv)
(1) I don't know which line I should take to Oxford Circus.	(2) And can you tell me where to find a bank near here?

❷ Verkürze die Nebensätze in den folgenden Beispielen.

1. I don't know where I have to go.

2. Do you know where I can find a filling station near here?

3. I wonder how I can get back to my hotel.

4. Could you tell me where I can buy a ticket for the Underground?

5. May I ask you how I can get back to the motorway?

Wie man etwas verneint

23

GRAMMATISCHE STRUKTUR:
Verneinung *Negation*

KONTEXT:
Tätigkeiten im Haushalt *Jobs around the house*

KLASSENSTUFEN:
ab Klasse 7

BESCHREIBUNG:
In der gesprochenen Sprache wird *not* mit dem vorangegangenen Hilfsverb zusammengezogen: *I don't know how to change a baby's nappies.* Möchte man seine Unfähigkeit hervorheben (also das *not* betonen) findet keine Verschmelzung mit dem Hilfsverb statt: *I do not know how to change a baby's nappies.* Zusammengezogene Formen *(contracted forms)* sind ein wesentliches Merkmal der gesprochenen Sprache und müssen deshalb beherrscht werden. Auch ist es nicht egal, ob man sie verwendet oder nicht, denn es existiert oftmals ein semantisches Differenzial zwischen den Formen. So ist der folgende Satz völlig neutral: *I'm from Germany.* Sagt man allerdings *I am from Germany,* kann dies sehr leicht als eine ungewöhnliche Hervorhebung (und dann etwa als arrogant) interpretiert werden.
Drei Ausnahmen sollten genannt werden: *cannot* wird als ein Wort geschrieben; *shall not* wird zu *shan't* und *will not* zu *won't*.
Nach den Erkenntnissen aus den Neurowissenschaften kann man sich sinnvolle Syntagmen (hier: *sentence heads, chunks*) nachhaltiger merken als einzelne Wörter: *I don't know how to …, I've never …, There aren't any …, I haven't done it yet, Not yet, Nor have I, Neither has Tom.*

Methodische Empfehlungen

SCHRITT 1: Die Schülerinnen und Schüler versuchen, die deutschen Äquivalente für die Sätze in Aufgabe 1 zu finden. Sie tun dies mündlich in Partnerarbeit.

> 1 Ich weiß nicht, wie man ein Baby wickelt. Ich habe das noch nie getan. Ich habe keine Ahnung.
>
> 2 Es sind keine Bananen mehr da. Tut mir leid! Oma ist noch nicht hier aufgetaucht.
>
> 3 Ich kann nicht die ganze Zeit auf die Zwillinge aufpassen, und Großmutter kann das auch nicht. Mary hat nichts gegessen, und Tom auch nicht. Übrigens, ich auch nicht.
>
> 4 Vergiss nicht etwas für die Zwillinge mitzubringen. Du hast ihnen einen Fußball versprochen, nicht wahr? Hast du mir nicht gesagt, dass du das tun wolltest?

SCHRITT 2: Die Schülerinnen und Schüler tragen bei den Sätzen 1–3 die Wörter ein, die man für die Verneinung benötigt, und bei Satz 4, wo sich abgesehen von Aussagesätzen ebenfalls Verneinungen finden (Lösung: verneinte Befehle, Frageanhängsel und verneinte Fragen).

> I don't know how to change a baby's nappies.   not
> I've never done it.   never
> I have no idea!   no
> There aren't any bananas left.   not … any
> Granny hasn't arrived yet.   not … yet
> I can't look after the twins all the time and Granny can't do it, either.   not … either
> Mary hasn't eaten anything and neither has Tom.   neither
> Nor have I, by the way.   nor

SCHRITT 3: Die Schülerinnen und Schüler versuchen sich nun in der Sprachproduktion.

Die Kinder hören nicht auf einen, und der Hund auch nicht.	The kids don't listen. And the dog doesn't either.
Ich habe noch nie das Baby gefüttert.	I've never fed the baby.
Oma war noch nicht da.	Granny hasn't arrived yet.
Oma hat keine Zeit zum Lesen. Und ich auch nicht.	Granny hasn't got any time to read. Nor have I.
Du wirst doch rechtzeitig hier sein, oder?	You'll be here on time, won't you?
Hast du keinen Einkaufszettel geschrieben?	Didn't you write a shopping list?

Wie man etwas verneint

❶ Übersetze. Mit welchen Wörtern (Partikeln) verneint man im Englischen?

1 I **don't** know how to change a baby's nappies. I've **never** done it. I have **no** idea!

2 There **aren't any** bananas left. Granny **hasn't** arrived **yet**.

3 I **can't** look after the twins all the time and Granny **can't** do it, **either**. Mary **hasn't** eaten anything and **neither** has Tom. **Nor** have I, by the way.

Welche weiteren Satzarten oder -teile kann man ebenfalls verneinen?

4 **Don't** forget to bring something for the twins. You promised them a football, **didn't you**? **Didn't** you tell me you would?

❷ Was teilt der Mann noch alles seiner Frau mit? Wie sagt er das?

1 Die Kinder hören nicht auf einen, und der Hund auch nicht.

2 Ich habe noch nie das Baby gefüttert.

3 Oma ist noch nicht hier aufgetaucht.

4 Oma hat keine Zeit zum Lesen. Und ich auch nicht.

5 Du wirst doch rechtzeitig hier sein, oder?

6 Hast du keinen Einkaufszettel geschrieben?

Jemandem beipflichten

GRAMMATISCHE STRUKTUR:
Zustimmung mit *auch* oder *auch nicht*   *Agreeing with somebody*

KONTEXT:
Sich über andere Länder unterhalten   *Talking about going abroad*

KLASSENSTUFEN:
ab Klasse 8

BESCHREIBUNG:
Die Vielfalt der Möglichkeiten, jemandem beizupflichten, ist schier unendlich. Sie reicht von nonverbalen, gestisch-mimischen Signalen, über einsilbige Laute *(mm, ah)*, das fast überall passende *Me, too* bis zu recht elaborierten Formen: *I fully agree with you.*
Diese *special words (too, so, either, neither, nor)* sollten im Unterricht interaktiv in Partnerarbeit geübt werden, wobei ein Sprecher auf die vorgebrachten Meinungen des Partners zustimmend oder ablehnend eingehen muss. Sie gehören zu den Merkmalen der gesprochenen Sprache und müssen den Lernenden geläufig sein.
Das Erlernen der Regelhaftigkeit ist unproblematisch:
- Hilfsverb in der Aussage – Hilfsverb in der Entgegnung:
  I've never been to France. – Nor have I.
- Vollverb in der Aussage – Form von *do* in der Entgegnung:
  I like French food. – So do I.

Methodische Empfehlungen

SCHRITT 1: Mündlich: Die Schülerinnen und Schüler versuchen die Beipflichtungen aus den Sprechblasen zu übersetzen und stellen fest, dass man immer nur *auch* oder *auch nicht* verwenden muss.

I've never been to France.	Nor have I.	Ich auch nicht.
I've always wanted to go there.	So have I.	Ich auch.
I didn't learn French at school.	I didn't either.	Ich auch nicht.
I can't speak a single word.	I can't either.	Ich auch nicht.
I don't like Paris.	I don't either.	Ich auch nicht.
I'm too old for Paris.	Me, too.	Ich auch.
My wife likes French food.	So does mine.	Meine auch.
I don't like going abroad.	Neither do I.	Ich auch nicht.
So I'm not going to France.	Nor am I.	Ich auch nicht.
I will be stay at home.	So will I.	Ich auch.

SCHRITT 2: In Gruppenarbeit versuchen die Schülerinnen und Schüler, eine Merkskizze zu vervollständigen.

Positive sentence	
I like French bread.	So do I.
	Me, too.
	I like it, too.
Negative sentence	
I don't like French cheese.	Nor do I.
	I don't (like it), either.
	Neither do I.

SCHRITT 3: Die Schülerinnen und Schüler suchen nun die passenden Formen der Zustimmung für die folgenden Äußerungen:

1	I didn't drive to work.	I didn't, either.
2	I was late.	So was I.
3	I can't stand crowded buses.	Nor do I.
4	I prefer tea to coffee.	So do I.
5	I always have a quick breakfast.	So have I.
6	I took the bus.	Me, too.
7	I didn't arrive on time.	Nor did I.
8	I wish I had more time for breakfast.	So do I.
9	I don't have coffee for breakfast.	Neither do I.
10	I won't go on holiday this year.	I won't, either.

Jemandem beipflichten

❶ Wie kann man im Englischen ausdrücken, dass man einem anderen zustimmt?

Positive sentence
I like French bread.

_____
_____
_____

Negative sentence
I don't like French cheese.

_____
_____
_____

❷ Sage, dass dies alles auch auf dich zutrifft.

1 I didn't drive to work. _____

2 I was late. _____

3 I can't stand crowded buses. _____

4 I prefer tea to coffee. _____

5 I always have a quick breakfast. _____

6 I took the bus. _____

7 I didn't arrive on time. _____

8 I wish I had more time for breakfast. _____

9 I don't have coffee for breakfast. _____

10 I won't go on holiday this year. _____

Was wäre, wenn …

GRAMMATISCHE STRUKTUR:
Bedingungssätze   *Conditional sentences / if clauses*

KONTEXT:
Fahrradunfall   *Cycling can be dangerous*

KLASSENSTUFEN:
ab Klasse 8

BESCHREIBUNG:
Die oftmals durch die verordneten curricularen Vorgaben vorgeschriebene Reihenfolge zur Einführung der Bedingungssätze erweist sich als äußerst problematisch, denn sie erzeugt sowohl proaktive als auch retroaktive Lernhemmungen. Warum man erst mit einem bestimmten Alter eine erfüllbare oder nicht erfüllbare Bedingung unterscheiden können sollte, bleibt ungeklärt. Der Einsatz der visuellen Darstellung wurde von den Schülerinnen und Schülern aller Schularten als überzeugend und verständlich bezeichnet. So konnten sie geradezu mühelos herausfinden,

- dass man mit dem sogenannten *if*-Satz Typ 3 eine Rückschau auf etwas versprachlicht, das man nicht mehr ändern kann;
- dass man mit dem sogenannten *if*-Satz Typ 2 wohl eher ein Wunschdenken *(wishful thinking)* zum Ausdruck bringt, weil die gegenwärtigen Bedingungen recht ungünstig sind;
- und dass man mit dem sogenannten *if*-Satz Typ 1 durchaus konkrete Möglichkeiten verbalisiert, also über erfüllbare Bedingungen sprechen kann.

grammar signposts 16 bis 21

SCHRITT 1: Die Schülerinnen und Schüler formulieren die Funktionen der drei *if*-Sätze ohne die Verwendung grammatischer Termini, zum Beispiel:

> *if*-Satz Typ 3: Man kann hier nichts mehr ändern.
> *if*-Satz Typ 2: Leider habe ich das Geld nicht. Es bleibt also Wunschdenken.
> *if*-Satz Typ 1: Das ist eine Chance, denn Oma hilft mir immer.

SCHRITT 2: Anschließend werden die Schülerinnen und Schüler aufgefordert, die deutschen Äquivalente zu formulieren, zum Beispiel:

> *if*-Satz Typ 3: Wenn ich nicht so schnell gefahren wäre, wäre das nicht passiert.
> *if*-Satz Typ 2: Wenn ich das Geld hätte, würde ich ein tolles neues Fahrrad kaufen.
> *if*-Satz Typ 1: Wenn ich Oma bitte, wird sie mir etwas Geld geben.

SCHRITT 3: Die Schülerinnen und Schüler unterstreichen oder markieren anderweitig die syntaktischen Unterschiede zwischen dem Deutschen und dem Englischen:

> **Typ 3**
> Wenn ich nicht so schnell gefahren wäre, wäre das nicht passiert.
> If I hadn't been going so fast, it wouldn't have happened.
>
> **Typ 2**
> Wenn ich das Geld hätte, würde ich ein neues Fahrrad kaufen.
> If I had the money, I would buy a new bike.
>
> **Typ 1**
> Wenn ich Oma bitte, wird sie mir etwas Geld geben.
> If I ask Grandma for money, she will give me some.

SCHRITT 4: Bei Aufgabe 4 suchen die Schülerinnen und Schüler passende *if*-Sätze (1–3) bzw. Hauptsätze (4–6).

> If my parents didn't mind, I would buy a racing bike.
> If I hadn't had enough money, I would have bought a second-hand bike.
> If Sue doesn't need it, she will lend me her bike.
> If I save up all my pocket money, it will take a year to get a new bike.
> If I didn't spend all my money, I could buy a bike next week.
> If I had worn a bicycle helmet, I wouldn't be in hospital.

Arbeitsblatt 25

Was wäre, wenn …

❶ Was kann man mit den drei Bedingungssätzen ausdrücken?

1 *if*-Satz Typ 3: _____

2 *if*-Satz Typ 2: _____

3 *if*-Satz Typ 1: _____

❷ Wie könnte man den Inhalt der Sprechblasen auf Deutsch ausdrücken?

1 *if*-Satz Typ 3: _____

2 *if*-Satz Typ 2: _____

3 *if*-Satz Typ 1: _____

❸ Vergleiche Bedingungssätze im Deutschen und im Englischen. Unterstreiche oder markiere die wichtigen Stellen farbig.

1 Wenn ich nicht so schnell gefahren wäre,   wäre das nicht passiert.
   If I hadn't been going so fast,   it wouldn't have happened.

2 Wenn ich das Geld hätte,   würde ich ein neues Fahrrad kaufen.
   If I had the money,   I would buy a new bike.

3 Wenn ich Oma bitte,   wird sie mir etwas Geld geben.
   If I ask Grandma for money,   she will give me some.

❹ Bilde sinnvolle Sätze, indem du passende *if*- und Hauptsätze ergänzt.

1 _____   I would buy a racing bike.

2 _____   I would have bought a second-hand bike.

3 _____   she will lend me her bike.

4 If I save up all my pocket money,   _____

5 If I didn't spend all my money,   _____

6 If I had worn a bicycle helmet,   _____

Sätze verkürzen

GRAMMATISCHE STRUKTUR:

**Satzverkürzungen
(Partizipialsätze, Infinitive)**

Shortened sentences

KONTEXT:

Erlebniserzählungen schreiben

Writing about holiday adventures

KLASSENSTUFEN:

ab Klasse 9

BESCHREIBUNG:

Satzverkürzungen werden überwiegend in der geschriebenen Sprache eingesetzt.

Dies geschieht oftmals mit den folgenden Strukturen:

- mit einem Partizip anstelle eines Relativsatzes: *The man who was helping us was from the mountain rescue service. = The man helping us was from the mountain rescue service.*
- mit dem *Gerund: As we were looking for a shortcut, we left the marked path. = Looking for a shortcut, we left the marked path.*
- mit dem Infinitiv: *We didn't know what we should do and where we should go. = We didn't know what to do and where to go.*

Das Lernziel ist bereits erreicht, wenn die Schülerinnen und Schüler verkürzte Sätze verstehen können.

Methodische Empfehlungen

SCHRITT 1: Die Schülerinnen und Schüler lesen die einzelnen Sätze und versuchen die deutschen Äquivalente zu formulieren (mündlich in Partnerarbeit), zum Beispiel: *Nach einem kräftigen Frühstück machten wir uns früh auf den Weg.*

SCHRITT 2: Dann den ersten Satz unverkürzt anschreiben und die Schülerinnen und Schüler auffordern, die restlichen Sätze ebenso zu finden.

unshortened sentences	shortened sentences
After we had eaten a hearty breakfast, we set off early.	Having eaten a hearty breakfast, we set off early.
When we heard that it would be raining soon, we started to hurry.	Hearing that it would be raining soon, we started to hurry.
As we were looking for a shortcut, we left the marked path.	Looking for a shortcut we left the marked path.
We didn't know what we should do and where we should go.	We didn't know what to do and where to go.
As I had been told not to panic, I tried to look happy.	Having been told not to panic, I tried to look happy.
As I was frightened by the falling rocks, I started to cry.	Frightened by the falling rocks, I started to cry.
The man who was helping us was from the mountain rescue service.	The man helping us was from the mountain rescue service.
We saw him when he was climbing down in a hurry.	We saw him climbing down in a hurry.

SCHRITT 3: Nun werden die auf dem Arbeitsblatt vorgegebenen Sätze verkürzt.

unshortened sentences	shortened sentences
As we were in a hurry, I forgot my guide book.	Being in a hurry, I forgot my guide book.
After we had arrived at the hotel, we went to bed straight away.	Having arrived at the hotel, we went to bed straight away.
When we were back, we felt awfully hungry.	Being back, we felt awfully hungry.
We heard about some people who were hurt by falling rocks.	We heard about some people hurt by falling rocks.
When I think of that day, I still hear the falling rocks.	Thinking of that day, I still hear the falling rocks.

SCHRITT 4: Durch genaues Untereinanderschreiben der unverkürzten und verkürzten Formen der Sätze (*After we had eaten / Having eaten* etc.) wird die Satzverkürzung nochmals als Merkhilfe visualisiert.

Sätze verkürzen

❶ Trage die unverkürzten Sätze ein und markiere die entsprechenden Unterschiede.

1 **Having eaten** a hearty breakfast, we set off early.

2 **Hearing that** it would be raining soon, we started to hurry.

3 **Looking for** a shortcut, we left the marked path.

4 We didn't know **what to do** and **where to go.**

5 **Having been told** not to panic, I tried to look happy.

6 **Frightened by** the falling rocks, I started to cry.

7 **The man helping us** was from the mountain rescue service.

8 We saw him **climbing down** in a hurry.

❷ Wie kann man nun die folgenden Sätze verkürzen?

1 As we were in a hurry, I forgot my guide book.
2 After we had arrived at the hotel, we went to bed straight away.
3 When we were back, we felt awfully hungry.
4 We heard about some people who were hurt by falling rocks.
5 When I think of that day, I still hear the falling rocks.

Berichten, was jemand sagte

27

GRAMMATISCHE STRUKTUR:
Indirekte Rede
mit Zeitenverschiebung

*Indirect / reported speech
with tense shifting*

KONTEXT:
Von einem Unfall berichten

Talking about an accident

KLASSENSTUFEN:
ab Klasse 9

BESCHREIBUNG:
Die indirekte Rede bleibt ein anspruchsvolles Kapitel beim Erlernen des Englischen und kann beim schulischen Erwerb einer Fremdsprache wohl niemals souverän beherrscht werden. Sollen die Lernenden bei der Umwandlung von direkten Äußerungen in die indirekte Rede alle lexikalischen und tempusbezogenen Veränderungen beachten, entsteht eher Chaos als eine gewünschte Erkenntnisgewinnung. Neben der Zeitverschiebung gibt es Veränderungen in den Pronomen, beim Demonstrativpronomen *(this – that, these – those)*, bei der Ortsdeixis *(here – there)*, bei den Zeitangaben *(yesterday – the day before, tomorrow – the following day)*. Bedeutungsvoll sind eigentlich nur die Fälle der Zeitverschiebung, die zu Missverständnissen führen können: *She told me that she was ill* (sie war zum Zeitpunkt der Mitteilung krank) vs. *She told me that she had been ill* (sie war zum Zeitpunkt der Mitteilung wieder gesund).
Für den mündlichen Sprachgebrauch wird den Lernenden empfohlen, die wörtliche Rede immer dann einfach zu wiederholen, wenn sich Schwierigkeiten bei der Verwendung der indirekten Rede einstellen sollten.

Methodische Empfehlungen

SCHRITT 1: Die Schülerinnen und Schüler werden beauftragt, die passenden Veränderungen der Verbformen einzutragen.

Direkte und indirekte Rede	Veränderungen in den Verbformen
I'm a careful driver. He said he was a careful driver.	simple present → simple past
I didn't see you. He said he hadn't seen me.	simple past → past perfect
I've never had an accident. He told me he had never had an accident.	present perfect → past perfect
I'll call the police. He said he would call the police.	will-future → conditional I

SCHRITT 2: Die Schülerinnen und Schüler werden beauftragt, über weitere Äußerungen der Unfallbeteiligten zu berichten.

I had the right of way.	He said he had had the right of way.
I haven't been speeding.	He said he hadn't been speeding.
There's some oil on the road.	He said there was some oil on the road.
I will take a photo.	He said he would take a photo.
The road is slippery.	He said the road was slippery.
I'll give you my address.	He said he would give me his address.
I've never been to England before.	He said he had never been to England before.
I had a business meeting in London.	He said he had had a business meeting in London.

Arbeitsblatt 27

Berichten, was jemand sagte

1 Trage die Zeitverschiebungen ein.

simple present → simple past	will-future → conditional	present perfect → past perfect	simple past → past perfect

Direkte und indirekte Rede **Veränderungen in den Verbformen**

1 I'm a careful driver.
   He said he was a careful driver. _____
2 I didn't see you.
   He said he hadn't seen me. _____
3 I've never had an accident.
   He told me he had never had an accident. _____
4 I'll call the police.
   He said he would call the police. _____

2 Berichte über die weiteren Äußerungen der Unfallbeteiligten.

1 I had the right of way.   *He said (that) he* _____

2 I haven't been speeding.   _____

3 There's some oil on the road.   _____

4 I will take a photo.   _____

5 The road is slippery.   _____

6 I'll give you my address.   _____

7 I've never been to England before.   _____

8 I had a business meeting in London.   _____

117

Wie man eine Grammatikkarte anlegt

Grammatikkarte	
Thema	Über Vergangenes sprechen: die Erzählvergangenheit (simple past)
Datum	24.09.2012

Form Wie bildet man die Form(en)?

Aussage	➕	I met my friend in town last night.
Verneinung	➖	I didn't stay at home.
Inhaltsfrage	❓	What did you do last night?
Ja-/Nein-Frage	✔	Did you meet your friend? Yes, I did. / No, I didn't.

Gebrauch Was drückt man damit aus? Was will man sagen oder fragen?

Über etwas sprechen, was in der Vergangenheit geschah.

Unterschied zum Deutschen Wo gibt es Unterschiede in Form oder Verwendung?

Deutsch	Hier sind zwei Formen möglich: „traf", „habe getroffen".
	Z. B.: „Ich traf gestern Abend meinen Freund in der Stadt."
	„Ich habe gestern Abend meinen Freund in der Stadt getroffen."
Englisch	Hier ist nur eine Form möglich: „met"
	Z. B.: „I met my friend in town last night."

Fehlerteufel Worauf muss man aufpassen?

Nicht sagen: Last night I have met my friend.

Man darf sich nicht vom deutschen Satz „Gestern Abend habe ich meinen Freund getroffen" irritieren lassen. Was in der Vergangenheit geschah, muss immer mit dem simple past erzählt werden. Beginn und Ende eines Ereignisses liegen in der Vergangenheit.

THEMA:
Die *grammar card* als lernstrategische Hilfe

KLASSENSTUFEN:
ab Klasse 5

BESCHREIBUNG:
Selbst erstellte Karteikarten ermöglichen ein nachhaltiges Behalten von Regelhaftigkeiten. Grammatische Strukturen sind immer dann einfacher zu speichern, wenn man sie nach Satzarten, Funktionen und in ihrer Unterschiedlichkeit zum Deutschen analysiert und darüber hinaus, quasi als Serviceleistung, auf Fehlerquellen aufmerksam macht. Mögliche Fehler können sich sowohl im Vergleich zur Muttersprache ergeben (Interferenzfehler, L1 vs. L2), aber auch bereits gelernte Strukturen der Fremdsprache können sich störend auf den Erwerb einer neuen Struktur auswirken (L2 vs. L2).
- L1 vs. L2: **I want that you help her* anstatt *I want you to help her* (Ich möchte, dass du ihr hilfst).
- L2 vs. L2: **I'm getting up at seven every day* (Übergeneralisierung des *present progressive*).

So kann man sich eine neue Zeitform am besten merken,
- wenn man alle 4 Satzarten lernt;
- wenn man Gebrauch (Funktion) verstehen und beschreiben kann;
- wenn man den Unterschied zum Deutschen erkennt;
- wenn man für mögliche Fehlerquellen sensibilisiert ist.

Methodische Empfehlungen

SCHRITT 1: Die beispielhafte Grammatikkarte zum *simple past* wird (das natürlich bereits behandelt worden sein sollte) projiziert und den Aufbau wiederholt: die vier Satzarten, Gebrauch, Unterschied zum Deutschen und mögliche Fehlerquellen.

SCHRITT 2: Eine neue Grammatikkarte im Kontaktunterricht wird mit der ganzen Klasse erstellt oder in Gruppenarbeit angefertigt (hier als Beispiel eine Funktion des *present perfect*). Die Schülerinnen und Schüler bekommen ein Leerformular (S. 121) in die Hand.

a Form

➕	Aussage	I've *had* my dog for three years.
➖	Verneinung	I've *never had* a cat.
❓	Inhaltsfrage	How long *have you had* this dog?
✅	Ja-/Nein-Frage	*Have you ever had* another pet? No, I haven't./Yes, I have.

b Gebrauch

Man sagt, wie lange jemand schon etwas besitzt.
Man fragt, wie lange jemand schon etwas besitzt.

c Unterschied zum Deutschen

Deutsch	*Ich habe meinen Hund seit drei Jahren.* Gegenwartsform des Verbs: *Ich habe …*
Englisch	*I've had my dog for three years.* Perfektform des Verbs: *I have had …, I've had …*

d Fehlerteufel

Ich **habe** einen Hund.	I **have** a dog.
Ich **habe** seit drei Jahren einen Hund.	I**'ve had** a dog for three years.
Ich **habe seit Weihnachten** einen Wellensittich.	I**'ve had** a budgie since Christmas.
Ich **hatte** einen Hund (jetzt nicht mehr).	I **had** a dog.
Ich **hatte** drei Jahre einen Hund.	I **had** a dog for three years.

Arbeitsblatt 28

Wie man eine Grammatikkarte anlegt

Grammatikkarte

Thema _____

_____

Datum _____

Form Wie bildet man die Form(en)?

_____
_____
_____
_____

Gebrauch Was drückt man damit aus? Was will man sagen oder fragen?

_____
_____
_____
_____

Unterschied zum Deutschen Wo gibt es Unterschiede in Form oder Verwendung?

_____
_____
_____

Fehlerteufel Worauf muss man aufpassen?

_____
_____
_____
_____

Grammar Signposts

Die folgenden *grammar signposts* haben die Aufgabe, den Funktionskomplex einer Verbform plakativ und verständlich darzustellen. Sie werden im Klassen- oder Fremdsprachenraum für eine bestimmte Zeitspanne ausgehängt und dienen somit der Konsolidierung des grammatischen Wissens über das englische Zeitensystem. Die Funktionen wurden nach Häufigkeitswerten ausgewählt, auf niederfrequente Funktionen wurde verzichtet. Die folgenden *tenses* sind mit den deutschen Äquivalenten versehen, was die nötige Klarheit zur langfristigen Speicherung ausmacht.
Die Vorschläge können 1:1 übernommen werden, aber auch als Beispiel für eigene kreative Gestaltungen dienen. So könnte man die einzelnen Hinweisschilder auch sukzessive entwickeln und additiv präsentieren. Durch die Verwendung von buntem Tonpapier kommt auch etwas Farbe in die grammatikalische Kognitivierungstechnik.

Die 21 Zeitformen der *grammar signposts* in einer Übersicht:

1. Simple present in 5 Funktionen
2. Present progressive in 4 Funktionen
3. Simple past in 5 Funktionen
4. Past progressive in 3 Funktionen
5. Past tense mit *used to* und *would always* in 4 Funktionen
6. Present perfect in 6 Funktionen
7. Present perfect progressive in 3 Funktionen
8. Past perfect in 3 Funktionen
9. Past perfect progressive in 4 Funktionen
10. Future mit *will/shall* in 4 Funktionen
11. Future progressive in 4 Funktionen
12. Future perfect in 2 Funktionen
13. Future perfect progressive in 2 Funktionen
14. Future mit *going to* in 4 Funktionen
15. Future in the past in 4 Funktionen
16. Present real conditional in 3 Funktionen
17. Present unreal conditional in 3 Funktionen
18. Past real conditional in 2 Funktionen
19. Past unreal conditional in 3 Funktionen
20. Future real conditional in 3 Funktionen
21. Future unreal in 2 Funktionen

Grammar Signposts

Simple present

❶ Sagen, was häufig oder regelmäßig geschieht
A: When **do** you **get** up in the morning?
B: On Monday I **get up** at six. On other days I **get up** at seven.
A: Um wie viel Uhr stehst du morgens auf?
B: Am Montag stehe ich um 6 Uhr auf und an den anderen Tagen um 7 Uhr.

❷ Sagen, was immer so ist
A: At what temperature **does** water **freeze**?
B: Pure water **freezes** at a temperature of zero degrees Celsius.
A: Bei welcher Temperatur gefriert Wasser?
B: Reines Wasser gefriert bei 0° Celsius.

❸ Sagen, wie etwas aussieht, riecht oder schmeckt
A: Do you like it?
B: Well, it **looks** good, **smells** good, but it **tastes** awful.
A: Schmeckt es?
B: Nun ja, es schaut gut aus, riecht gut, aber schmeckt schrecklich.

❹ Über zukünftige Ereignisse sprechen, die durch einen Fahrplan oder ein Programm geregelt sind
A: What time **does** your plane **go**?
B: The first plane **goes** at ten.
A: Um wie viel Uhr geht dein Flugzeug?
B: Die erste Maschine geht um zehn.

❺ Etwas spannend erzählen (Erlebnisse, Witze)
A man **enters** a bakery and **asks** the baker …
Ein Mann geht in eine Bäckerei und fragt den Bäcker …

Present progressive

❶ Sagen, was momentan geschieht
A: What **are** you **doing**?
B: I**'m having** breakfast.
A: Was machst du gerade?
B: Ich bin gerade beim Frühstücken.

❷ Sagen, was man für die Zukunft fest vorhat
A: What **are** you **doing** tonight?
B: I**'m watching** football on TV.
A: Was machst du heute Abend?
B: Ich schau mir Fußball im Fernsehen an.

❸ Sagen, welche (vorübergehende) Tätigkeit man derzeit ausübt
A: I **am studying** medicine in Munich.
B: Oh, really? I**'m working** as a nurse.
A: Ich studiere zur Zeit Medizin in München.
B: Oh, wirklich? Ich arbeite zur Zeit als Krankenschwester.

❹ Sagen, was jemand immer macht und worüber man sich ärgert
A: You **are always using** my bike.
B: And you **are always complaining** about everything.
A: Du nimmst immer mein Fahrrad.
B: Und du beschwerst dich immer über alles.

Simple past

❶ Berichten oder erzählen, was zu einem bestimmten Zeitpunkt in der Vergangenheit geschah

A: Why are you so sad?
B: I **lost** my mobile phone on the bus last night.
A: Warum bist du so traurig?
B: Ich verlor gestern Abend im Bus mein Handy.

❷ Sagen, wie etwas früher im Vergleich zu heute war

A: What **did** you **do** when you were young?
B: I **used to go out** a lot.
A: Was hast du getan, als du jung warst?
B: Ich bin sehr viel ausgegangen.

❸ Wunschträume beschreiben

A: I wish I **had** a room of my own.
B: And I wish I **were** twenty already.
A: Ich wünschte, ich hätte mein eigenes Zimmer.
B: Ich wünschte, ich wäre schon zwanzig.

❹ Über eine Reihe von Ereignissen in der Vergangenheit berichten

I **had** a quick breakfast, **fed** the cat, and **left** the house.
Ich frühstückte schnell, fütterte die Katze und verließ das Haus.

❺ Über einen länger andauernden, aber abgeschlossenen Zustand sprechen

I **lived** in France for five years.
Ich lebte fünf Jahre in in Frankreich.

Past progressive

❶ Berichten oder erzählen, was sich zu einem bestimmten Zeitpunkt ereignete

A: What **were** you **doing** at seven o'clock last night?
B: I **was checking** my e-mails.
A: Was hast du gestern Abend um sieben Uhr getan?
B: Ich war gerade dabei, meine E-Mails zu checken.

❷ Eine Handlung wurde plötzlich von einer anderen unterbrochen

A: We **were having** dinner when the lights went out.
B: And I **was having** a shower.
A: Wir waren gerade beim Abendessen, als das Licht ausging.
B: Und ich war gerade unter der Dusche.

❸ Berichten oder erzählen, was sich alles zur gleichen Zeit ereignete

Pam **was practising** the piano, the baby **was crying** and the twins **were arguing**.
Pam übte Klavier, das Baby schrie und die Zwillinge stritten sich.

Grammar Signposts

ast tense mit *used to* und *would always* 5

❶ Sagen, wie man früher war im Vergleich zu heute

I **used to** be fat, but now I'm very slim.
I **used to be** a coach potato, but now I go jogging a lot.
Früher war ich dick, aber heute bin ich sehr schlank.
Früher war ich ein Faulenzer, aber heute jogge ich viel.

❷ Feststellen, was sich verändert hat

Apples **used to** cost very little,
but now they are quite expensive.
We **used to go out** at the weekends.
We can't afford it now.
Früher kosteten die Äpfel wenig,
aber heute sind sie ziemlich teuer.
Wir gingen früher am Wochenende aus.
Das können wir uns jetzt nicht mehr leisten.

❸ Über frühere angenehme Eigenschaften sprechen

My grandma **would always give** me some money.
And she **would always help** me with my homework.
Früher hat mir meine Großmutter immer etwas
Geld gegeben.
Und sie hat mir immer bei den Hausaufgaben
geholfen.

❹ Über frühere weniger angenehme Eigenschaften sprechen

A: He **would never pay** for drinks when
    we went out.
B: Yes. And he **would never arrive** on time.
A: Er hat niemals für Getränke bezahlt,
    wenn wir aus waren.
B: Ja, und er war niemals pünktlich.

resent perfect 6

❶ Sagen, was man bereits erledigt hat

A: **Have** you **finished** your essay?
B: Not yet. But I **have done** the Maths homework.
A: Hast du deinen Aufsatz fertig?
B: Noch nicht. Aber ich habe die Mathe-
    Hausaufgabe gemacht.

❷ Sagen, was man bereits erlebt oder noch nicht erlebt hat

A: **Have you ever been** to Paris?
B: **No, I haven't**. But **I have been** to Rome.
A: Warst du schon einmal in Paris?
B: Nein. Aber ich war schon einmal in Rom.

❸ Sagen, wie lange etwas schon so ist

A: I **have had** my computer since Christmas.
   How long **have you had** yours?
B: I'**ve had** mine for two years.
A: Ich habe meinen Computer seit Weihnachten.
   Wie lange hast du schon deinen?
B: Ich habe meinen seit zwei Jahren.

❹ Sagen, was soeben geschah

A: Can I talk to Mr. Brown?
B: I'm afraid you can't. He **has just left** the office.
A: Kann ich Mr. Brown sprechen?
B: Leider nicht. Er hat gerade das Büro verlassen.

❺ Sagen, was in einem bestimmten Zeitraum schon oder noch nicht geschehen ist

Have you seen Mike this week?
Hast du diese Woche Mike schon gesehen?

❻ Sagen, was geschieht, sobald ein Vorgang abgeschlossen ist

I'll send you a message **as soon as I have finished** my work.
Ich schicke dir eine Nachricht, sobald ich
meine Arbeit beendet habe.

Present perfect progressive

❶ Sagen, dass etwas immer noch andauert

A: What's up with Jane?
B: I don't know. I **have been waiting** for her for three hours.
A: Was ist mit Jane los?
B: Ich weiß nicht. Ich warte schon seit drei Stunden auf sie.

❷ Sagen, dass man eine länger andauernde Handlung (noch nicht) beendet hat

A: You look tired.
B: Yes, I**'ve been working** all day.
A: Du schaust müde aus.
B: Ja. Ich habe den ganzen Tag gearbeitet.

❸ Fragen, wie lange schon jemand etwas macht

A: How long **have you been learning** English?
B: For five years.
A: Wie lange lernst du schon Englisch?
B: Seit fünf Jahren.

Past perfect

❶ Sagen, in welcher Reihenfolge sich etwas ereignete

After I **had seen** the film, I read the book.
I **had read** the book before I saw the film.
Nachdem ich den Film gesehen hatte, las ich das Buch.
Ich hatte das Buch gelesen, bevor ich den Film sah.

❷ Sagen, was man anders hätte machen sollen

A: If I **had known** him better, I wouldn't have lent him all that money.
B: And if I **had known** him better, I wouldn't have married him.
A: Wenn ich ihn besser gekannt hätte, hätte ich ihm das Geld nicht geliehen.
B: Und wenn ich ihn besser gekannt hätte, hätte ich ihn nicht geheiratet.

❸ Berichten, was jemand sagte

A: Peter said he **had bought** a new mobile.
B: Yes. He told me he **had lost** his old one.
A: Peter sagte mir, dass er ein neues Handy gekauft habe.
B: Ja. Er erzählte mir, dass er sein altes verloren habe.

Grammar Signposts

ast perfect progressive   9

❶ Über einen länger andauernden Vorgang vor einem Zeitpunkt in der Vergangenheit sprechen

A: How long **had you been learning German** before you went to Germany?
B: **I had been studying German** for more than three years.
A: Wie lange hattest du Deutsch gelernt, bevor du nach Deutschland kamst?
B: Ich hatte länger als drei Jahre Deutsch studiert.

❷ Sagen, dass eine länger andauernde Handlung in der Vergangenheit plötzlich unterbrochen wurde

A: How long **had you been waiting** for Julie when she finally arrived?
B: **I had been waiting** for her for two hours when she suddenly arrived.
A: Wie lange hattest du bereits auf Julie gewartet, als sie schließlich ankam?
B: Ich hatte zwei Stunden auf sie gewartet, als sie plötzlich kam.

❸ Berichten, was jemand zu einem bestimmten Zeitpunkt in der Vergangenheit getan haben will

He claimed he **had been working** at the time of the murder.
Er behauptete, er habe zur Tatzeit gearbeitet.

❹ Erklären, wie es zu einem Zustand oder Ereignis in der Vergangenheit gekommen ist

A: Peter failed his exam.
B: He failed because he **had not been attending** classes.
A: Peter ist beim Examen durchgefallen.
B: Er hat sein Examen nicht bestanden, weil er den Unterricht nicht besucht hatte.

ture *mit* will/shall   10

❶ Vorhersagen, was geschehen wird und was man nicht beeinflussen kann

A: What **will** the weather **be** like tomorrow?
B: There **will be** some rain.
A: Wie wird das Wetter morgen?
B: Es wird etwas regnen.

❷ Sagen, was unter bestimmten Bedingungen passieren wird

A: If you arrive on time, **I'll take** you out for dinner.
B: That**'ll be** great.
A: Wenn du rechtzeitig ankommst, gehen wir zum Abendessen aus.
B: Das wird toll!

❸ Sagen, was man spontan tun wird

A: The bags are too heavy for me.
B: **I'll help** you.
A: Die Taschen sind zu schwer für mich.
B: Ich helfe dir.

❹ Etwas versprechen

I **will stop** smoking. I **will do** some exercises every day. I **won't eat** so much. I **will lose** weight.
Ich werde das Rauchen aufgeben. Ich werde jeden Tag Gymnastik machen. Ich werde nicht mehr so viel essen. Ich werde abnehmen.

Future progressive

❶ Vorhersagen, was zu einem bestimmten Zeitpunkt geschehen wird

A: What **will** you **be doing** this time tomorrow?
B: I'**ll be lying** on a beach in Spain.
A: Was wirst du morgen um diese Zeit tun?
B: Ich werde an einem Strand in Spanien liegen.

❷ Sagen, was bereits arrangiert ist (Fahrplan oder Programm)

A: The guests **will be arriving** at ten.
B: Okay. And then they will be taken to the hotel.
A: Die Gäste werden um 10 Uhr ankommen.
B: Gut. Und dann werden sie zum Hotel gebracht.

❸ Bei jemandem vorsichtig anfragen

A: Dad, **will** you **be using** the car tomorrow?
B: No, you can have it.
A: Papa, brauchst du morgen das Auto?
B: Nein, du kannst es nehmen.

❹ Jemandem etwas fest versprechen

A: I **will be waiting** for you when your plane arrives.
B: **Will** you still **be waiting** when the plane is late?
A: Ich werde auf dich warten, wenn dein Flugzeug ankommt.
B: Wirst du auch warten, wenn das Flugzeug Verspätung hat?

Future perfect

❶ Sagen, was zu einem bestimmten Zeitpunkt beendet sein wird

A: **Will** you **have repaired** the car by tomorrow?
B: I don't think so. I **won't have finished** it before Friday.
A: Haben Sie das Auto bis morgen repariert?
B: Das glaube ich nicht. Ich werde vor Freitag damit nicht fertig sein.

❷ Sagen, wie lange etwas zu einem bestimmten Zeitpunkt in der Zukunft bereits andauert

Next week we **will have been married** for 20 years.
Nächste Woche werden wir 20 Jahre verheiratet sein.

Grammar Signposts

ture perfect progressive 13

① Sagen, wie lange ein bestimmter Zustand zu einem Zeitpunkt in der Zukunft bereits andauern wird

By the end of next year I **will have been working** here for 35 years.
Ende des nächsten Jahres werden es 35 Jahre, dass ich hier arbeite.

② Fragen, wie lange etwas zu einem bestimmten Zeitpunkt in der Zukunft angedauert hat

A: How long **will** you have **been studying** when you take your final exams?
B: For six years.
A: Wie lange wirst du studiert haben, wenn du dein Abschlussexamen machst?
B: Sechs Jahre.

ture mit *going to* 14

① Sagen, was man zu tun beabsichtigt

I've got a terrible toothache.
I**'m going to see** the dentist tomorrow.
Ich habe fürchterliche Zahnschmerzen.
Ich habe vor, morgen zum Zahnarzt zu gehen.

② Sagen, was was sich aufgrund deutlicher Anzeichen ereignen wird

A: Look at those black clouds. We'd better go. It**'s going to rain** soon.
B: Okay. Let's go.
A: Schau, die schwarzen Wolken. Wir sollten besser gehen. Es wird gleich regnen.
B: Okay. Gehen wir!

③ Jemanden zur Vorsicht mahnen, wenn man etwas kommen sieht

Watch out. You**'re going to fall** down the stairs.
Pass auf, du wirst gleich die Treppen hinunterfallen.

④ Sagen, was aufgrund gefasster Beschlüsse passieren wird

A: All these trees **are going** to be cut down.
B: What a shame.
A: All diese Bäume werden gefällt.
B: Das ist eine Schande.

Future in the past

❶ Von einer Absicht berichten, die in der Vergangenheit geäußert wurde

A: I read in the paper that they **would pull down** the old castle.
B: And I heard they **wouldn't do** that.
A: Ich las in der Zeitung, dass man das alte Schloss abreißen möchte.
B: Und ich hörte, dass man das nicht tun wolle.

❷ Jemandem vorwerfen, was er versprochen, aber nicht getan hat

I thought you **were going to make** a beautiful dinner.
Ich dachte, du wolltest ein schönes Abendessen zubereiten.

❸ Jemanden für sein gehaltenes Versprechen loben

A: I knew you **would help** me.
B: Well, and I knew that it **would make** you happy.
A: Ich wusste, dass du mir helfen würdest.
B: Und ich wusste, dass dich das glücklich machen würde.

❹ Von Plänen sprechen, die jemand in der Vergangenheit hatte

He said he **was going to work** abroad.
Er sagte, dass er im Ausland arbeiten wolle.

Present real conditional

❶ Was man immer macht, wenn eine Bedingung erfüllt ist

If there's a football match on TV, I always try to leave early.
Wenn im Fernsehen ein Fußballspiel läuft, versuche ich immer, früher zu gehen.

❷ Jemanden auf die logischen Folgen aufmerksam machen

The car **uses** more petrol, if you **go** that fast.
Der Auto braucht mehr Benzin, wenn du so schnell fährst.

❸ Jemandem einen Vorgang erklären

If you **press** this button, you can **keep** a constant speed.
Wenn du diesen Knopf drückst, hältst du die Geschwindigkeit konstant.

Bedingungssatz: *simple present*
Hauptsatz: *simple present*

Grammar Signposts

Present unreal conditional 17

❶ Sagen, was man tun würde, wenn eine Bedingung erfüllt wäre

A: If I **had** a car, I **would drive** to school.
B: What **would you do** if you **had** a car?
A: Wenn ich ein Auto hätte, würde ich zur Schule fahren.
B: Was würdest du tun, wenn du ein Auto hättest?

❷ Jemandem einen Rat geben

A: I **would buy** this computer if it **were** cheaper.
B: I **would buy** it right now if I **were** you.
A: Ich würde diesen Computer kaufen, wenn er billiger wäre.
B: An deiner Stelle würde ich ihn sofort kaufen.

❸ Jemanden um einen Rat bitten

A: What **would** you do, **if you were me**?
B: Well, **if I were you**, I **would** send her flowers.
A: Was würdest du an meiner Stelle tun?
B: Nun, an deiner Stelle würde ich ihr Blumen schicken.

Bedingungssatz: *simple past*
Hauptsatz: *would + verb*

Past real conditional 18

❶ Sagen, was man unter einer bestimmten Bedingung immer getan hat

A: I often **walked** to school if I had the time.
B: And what **did you do** if you didn't have the time?
A: Ich ging ich oft zu Fuß zur Schule, wenn ich genug Zeit hatte.
B: Und was hast du gemacht, wenn du dafür nicht die Zeit hattest?

❷ Sagen, was früher unter bestimmten Bedingungen üblich war

A: Did you take anything with you?
B: If I **went** to a friend's house, I **used** to take flowers.
A: Hast du irgendetwas mitgebracht?
B: Wenn ich einen Freund besuchte, habe ich gewöhnlich Blumen mitgebracht.

Bedingungssatz: *simple past*
Hauptsatz: *simple past*

Past unreal conditional

❶ Das ist geschehen und man kann es leider nicht mehr ändern

If I **had seen** the oil on the road,
the accident **wouldn't have happened**.
Wenn ich das Öl auf der Straße gesehen hätte, wäre der Unfall nicht passiert.

❷ Jemandem etwas vorwerfen, was er/sie getan oder nicht getan hat

A: If you **hadn't parked** the car here,
they **wouldn't have towed** it away.
B: If I **had seen** the sign,
I **wouldn't have parked** here.
A: Wenn du hier nicht geparkt hättest,
hätte man das Auto nicht abgeschleppt.
B: Wenn ich das Schild gesehen hätte,
hätte ich hier nicht geparkt.

❸ Bereuen, was man getan hat

If I **had known** him better,
I **wouldn't have lent** him all that money.
Wenn ich ihn besser gekannt hätte, hätte ich ihm nicht das ganze Geld geliehen.

Bedingungssatz: *past perfect*
Hauptsatz: *would have + past participle*

Future real conditional

❶ Sagen, was man unter bestimmten Bedingungen tun wird

If there **is** nothing on TV, we**'ll play** chess.
Wenn im Fernsehen nichts kommt, spielen wir Schach.

❷ Fragen, was jemand unter bestimmten Bedingungen tun wird

A: What are **you going to do** if it **rains**?
B: **I'm going to watch** tennis on TV.
A: Was hast du vor, falls es regnet?
B: Ich werde wohl Tennis im Fernsehen anschauen.

❸ Sagen, was unter bestimmten Bedingungen zu schaffen ist

A: If you **leave** now, you**'ll catch** the train.
B: Okay. I'm off.
A: Wenn du jetzt gehst, wirst du den Zug erreichen.
B: Okay. Bin schon weg.

Bedingungssatz: *simple present*
Hauptsatz: *simple future*

Future unreal conditional   21

① Was man zukünftig tun würde, wenn man nicht schon etwas anderes geplant hätte

If I **were not visiting** my friend tomorrow,
I **would help** you with the washing.
Wenn ich morgen nicht schon meinen Freund besuchen würde, würde ich dir mit der Wäsche helfen.

② Bedauern, das etwas unter diesen Umständen nicht geschehen wird

I am busy next week. If I **had** time,
I **would come** to your party.
Nächste Woche bin ich sehr beschäftigt.
Wenn ich Zeit hätte, würde ich zu deiner Party kommen.

Bedingungssatz: *were+ -ing-form*
Hauptsatz: *would + verb*

Visualisierungstechniken

Die folgenden Vorschläge für erfolgversprechende Visualisierungsverfahren sind unterrichtserprobt und haben sich bestens bewährt. Mithilfe dieser Techniken lassen sich Lernprobleme transparent darstellen, sowohl im Bereich der Grammatik als auch bei der lexikalischen Semantisierung. Gerade bei diesen beiden sprachlichen Systemen wird oftmals eine verhängnisvolle Lernempfehlung ausgesprochen, die von den Lernenden alles andere als motivierend empfunden wird, nämlich Büffeln und Pauken. Aus den Neurowissenschaften kommt der Hinweis, dass gerade das eingepaukte Wissen zu den weniger wertvollen Wissensarten gehört, denn es kann nicht transferiert werden und bleibt somit immer nur in der Vermittlungssituation der Erstbegegnung rezeptiv und produktiv verwendbar. Die Vorschläge erheben natürlich keinen Anspruch auf Vollständigkeit und können beliebig erweitert werden. Die Lehrkräfte verfügen über eine enorme Anzahl an Möglichkeiten, die sie untereinander austauschen sollten.

Unter Visualisierung im fremdsprachendidaktischen Bereich versteht man das Sichtbarmachen und Veranschaulichen von Lernproblemen. Visuelle Hilfen zur kognitiven Durchdringung müssen lehrerseits geschickt erarbeitet werden, um lernerseits als Wahrnehmungs-, Verarbeitungs- und Merkhilfen zu wirken.

Visualisierungshilfen ermöglichen sowohl ein nachhaltiges Speichern von Redemitteln als auch ein sicheres Abrufen gespeicherter Muster bei der Sprachproduktion.

Cartoons

We will have to put them in the bathtub and see which one is ours.

Substantiviertes Possessivpronomen

Cartoons findet man im Internet beinahe grenzenlos. Sie können modifiziert und neu gezeichnet werden.

Jokes mit Bildbegleitung

An American millionaire said to Lord Hamilton, "I'd like to buy your castle, but someone in the village told me that it's haunted."
Lord Hamilton replied, "Don't believe the gossip. I've never seen a ghost in this castle, and I've been living here for over seven hundred years."

Present perfect simple vs. progressive

Sammlungen mit geeigneten Witzen gibt es ebenfalls sehr zahlreich auf dem Büchermarkt.

Visualisierungstechniken

Fotos

My dog used to be very fat.
But now he is okay.
My sister used to be overweight
when she was little.

… used to …

Lustige Fotos werden auch zur Präsentation einer neuen Struktur eingesetzt.

Illustration eines falschen Freundes (false friends)

Can I become a chicken?

Wörter wie *become* gehört zu den verwechslungsintensiven Verben (Interferenzfehler) und kann durch humoristische Illustrationen entschärft werden.

Illustration semantischer Kuriosita

| I used to babysit to earn some money. | How to toast and what to say. | I had someone round for dinner last night. | She was accused of brainwashing. |

Konkrete Veränderungen zeichnerisch präsentieren bzw. ausführen

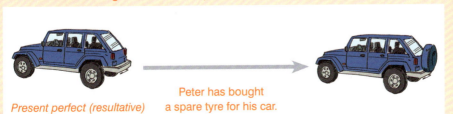

Present perfect (resultative) — Peter has bought a spare tyre for his car.

Klappbilder/Flip Charts

Present perfect:
He has gone bald.

Das Haarteil wird bei diesem Beispiel einfach weggeschoben. Mit Klappbildern kann man alle Veränderungen an Personen, Lebewesen aller Art, Häusern, Umgebung, Fahrzeugen etc. darstellen. Sie werden von der Lehrkraft zunächst präsentiert und anschließend von den Schülerinnen und Schülern als Hausaufgabe selbst erstellt. Ihr positiver Einfluss auf die Speicherungsfähigkeit ist enorm.

Surrealistische Bilder

Present perfect: Have you ever seen a penguin in Egypt?

Negation: Polar bears don't play soccer..

Die Klebebilder werden von den Lernenden selbst erstellt und beschriftet (Poster als Daueraushang).

Kreative Wortbildgestaltung

c
o
r n e r

b🕯rthday

incr**ease**

dec**re**ase

po**ll**ution

ego**l**st

Visualisierung der Phonem-Graphem-Relationen

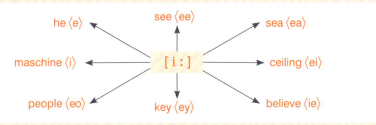

Konkrete Demonstration und Nachahmung

The hole in the hand
Take a sheet of paper and roll it up.
Hold the rolled-up sheet of paper close to your left eye
and look through.
Look with both your eyes at something about five metres away.
Then put your other hand in front of your right eye.
Now there is a hole in your hand.

Hierfür sind alle *magic tricks* und *optical illusions* geeignet. Die Strukturen und das Vokabular werden durch das konkrete Tun nachhaltig gespeichert.

Die Keyword-Technik

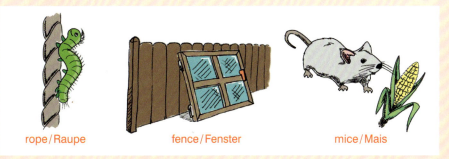

rope / Raupe   fence / Fenster   mice / Mais

Graphophonetische Analysen: L2 vs. L1

| f | r | i | e | n | d | h | u | m | o | u | r |
| F | r | e | u | n | d. | h | u | m | o | | r |

Genaues Untereinanderschreiben der Problemstellen

Don't rock	the chair.
Schaukle nicht	mit dem Stuhl.
Don't pick	your nose.
Bohre nicht	in der Nase.

Ich	kenne	sie seit sehr langer Zeit.
I	have known	her for ages.

I don't know	where I should park	my car.
I don't know	where to park	my car.

I don't want	you to stay out that long.
Ich möchte nicht,	dass du so lange wegbleibst.

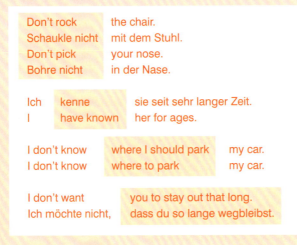

Einfärben, Ausmalen oder Unterstreichen von Problemstellen

If I **were** you, I **would marry** her.

If I **had known** him better, I **wouldn't have married** him.

If <u>I had</u> enough money, I <u>would</u> give you some.

Unterschiedliche Schriftgrößen und Fettdruck verwenden

After she **had fed** the dog, she **left** the house.

After she had fed the dog, she left the house.

Visualisierungstechniken

Intonationskonturen aufzeigen

I've always warned you, haven't I?

Die Zeitachse

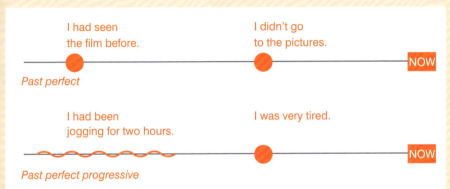

Semantische Achsen

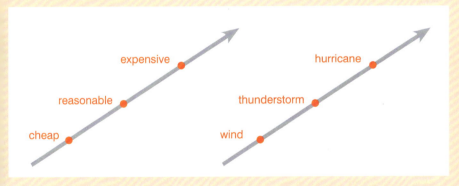

Mind Map

fun:
play with them
ever so nice
make good friends
watch the house
like jogging
faithful

trouble:
make noise
bark all night
bite people
frighten people
run after cyclists
chase cats
smell
foul the pavement

a lot of work:
bathe them
take them to the vet
brush them
dog hairdresser

need:
a lot of exercise
plenty of food
expensive
plenty of room (flat, garden, kennel, basket)
love

dog

Mind maps müssen von den Lernenden selbst erstellt werden. Vorgefertigte *mind maps* sind weniger sinnvoll.

Idioms

He's a real couch potato.
He always lies on the couch.

The smiley face, the frowny face

I want an ice-cream.
You can't park here.

I'd like an ice-cream, please.
You can't park here, I'm afraid.

Visualisierungstechniken

Darstellung des Funktionskomplexes einer Struktur

Hier: die Funktionen des *present progressive* in einem *grammar signpost*.

Grafische Darstellungen (Kurven, Diagramme aller Art)

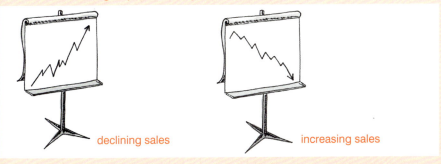

Überlegfolien

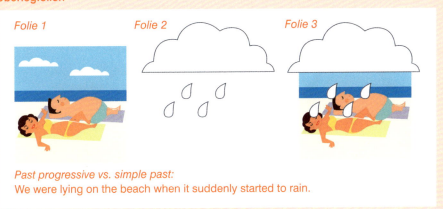

Past progressive vs. simple past:
We were lying on the beach when it suddenly started to rain.

Schilder aller Art

Imperative, modal auxiliaries:
No …
Don't ….
You mustn't …

Gerund:
Parking is …

Die Locitechnik

1 holidays in France	2 heavy rain	3 campsite flooded
4 caravan stuck	5 helpful farmer	6 lucky

Um ein Ferienerlebnis in den *past tenses* erzählen zu können, wird ein Haus mit mehreren Zimmern skizziert, die die Etappen der Erzählung in Form von Notizen oder Zeichnungen enthalten.

Der konkrete Gegenstand

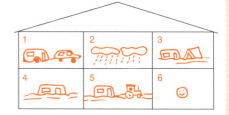

Passive:
This new worklight makes flashlights obsolete.
It can be worn like glasses and it makes your
hands free for work. It can also be worn over glasses.
Batteries are included. Lights come on automatically
when it is put in place.

Die konkrete Präsenz der Gegenstände im Klassenzimmer steigert die Merkfähigkeit der damit vermittelten Redemittel beachtlich, wenn es sich um nicht alltägliche Dinge handelt.

Bildquellennachweise

17	Aufgabe 2: Hendrik Kranenberg, Drolshagen
134	Cartoons: Hendrik Kranenberg, Drolshagen
135	Hund: © fotowebbox/Fotolia · Zeichnungen: Hendrik Kranenberg, Drolshagen
136	Glatzkopf: Hendrik Kranenberg, Drolshagen · Pyramiden: © Pius Lee/Shutterstock · Pinguin: © Neale Cousland/Shutterstock · Fußball: © lukasvideo/Fotolia · Eisbär: © Eric Isselée/Fotolia · Schornsteine: Hendrik Kranenberg, Drolshagen
137	Hole in the hand: Hendrik Kranenberg, Drolshagen
140	Hund: © javier brosch/Fotolia
141	Paar am Strand: © alvaroc/Fotolia
142	Parkverbotsschild: © Tammy Mobley/Fotolia · Kartonsymbole: © grgroup/Fotolia · Warnzeichen: © T. Michel/Fotolia · Worklight: Werner Kieweg

Sonstige Illustrationen: André Klemm, Friedrich Verlag

Unter **www.friedrich-verlag.de** finden Sie Materialien zum Buch als Download.
Bitte geben Sie den Download-Code in das Suchfeld ein.

Download-Code: **d14909vg**

Hinweis:

Download-Material (pdf)

Das Download-Material zum Buch enthält die Situationsbilder und Arbeitsblätter zu den behandelten grammatischen Themen sowie die *grammar card* (S. 121) als direkt im Unterricht einsetzbare Kopiervorlagen. Die Situationsbilder werden zusätzlich für die Arbeit mit Overheadprojektoren oder Whiteboards in Farbe zur Verfügung gestellt.
Als Käufer des Buches (ISBN 978-3-7800-4909-4) sind Sie zum Download dieser Datei berechtigt. Weder die gesamte Datei noch einzelne Teile daraus dürfen ohne Einwilligung des Verlages an Dritte weitergegeben oder in ein Netzwerk gestellt werden. Dies gilt auch für Intranets von Schulen und sonstigen Bildungseinrichtungen.

Der Verlag behält sich vor, gegen urheberrechtliche Verstöße vorzugehen.

**Haben Sie Fragen zum Download? Dann wenden Sie sich bitte
an den Leserservice der Friedrich Verlags GmbH.
Schreiben Sie uns oder rufen Sie uns an!**

Sie erreichen unseren Leserservice
Montag bis Donnerstag von 8–18 Uhr
Freitag von 8–14 Uhr
Tel.: 05 11/4 00 04-150
Fax: 05 11/4 00 04-170
E-Mail: *leserservice@friedrich-verlag.de*

Wir freuen uns über Ihre Rückmeldungen und helfen Ihnen gerne weiter!